혼군

혼군暗君

사리에 어둡고 어리석었던 조선의 네 군주들

신병주 지음

21세기북스

들어가는 글

 역사 속에는 성군과 혼군이 함께 존재한다. 성군聖君과 혼군昏君은 후대에 귀감이 되거나 경계의 대상이 되는 군주로, 중국의 역사에서는 성군과 혼군을 뚜렷하게 구분하고 있다. 중국 역사의 시작인 하夏나라, 은殷나라, 주周나라의 군주를 보면, 하나라 걸왕桀王과 은나라 주왕紂王을 폭군 또는 혼군의 대명사로 보고, 은나라 탕왕湯王과 주나라 문왕文王을 성군의 대명사로 언급하고 있다. 중국과 우리나라 모두 창업 군주는 대체로 성군의 반열에 올라가 있고, 나라를 멸망으로 이끈 군주는 대부분 혼군으로 분류하고 있다. 조선에서는 나라를 멸망에 이르게 하지는 않았지만 신하들의 힘, 즉 반정으로 축출된 군주 연산군과 광해군을 대표적인 폭군으로 분류한다. 이들은 왕의 호칭을 쓰지 못하고 종묘에 신주를 모시지도 않는다. 무덤도 능이 아니라 '연산군묘', '광해군묘'로 칭해지고 있다.

조선 시대 기준으로는 혼군의 불명예에서 벗어났지만, 리더의 책임감이나 백성에 대한 정책 등 현재의 잣대를 기준으로 했을 때 혼군의 반열에 포함시킬 수 있는 왕은 선조와 인조다. 선조와 인조는 전쟁이라는 상황을 초래했고 국가를 위기에 빠뜨렸으며 백성을 위험으로 몬 책임을 묻지 않을 수 없기 때문이다.

성군과 혼군을 선명하게 나누는 또 다른 기준은 참모의 활용이다. 중국 역사에서도 성군 옆에는 명참모가 존재했고, 우리 역사에서도 이러한 기준이 적용된다. 세종이 집현전 학자를 비롯해 장영실, 박연, 황희 등 각 분야 참모들을 활용해 국정을 이끌어나간 모습이나 정조가 규장각 같은 인재 싱크탱크를 활용하며 정약용, 김홍도, 채

제공 같은 참모들과 함께 국정을 이끌어간 것이 주요한 사례다.

물론 혼군 옆에도 참모가 있었지만, 군주의 판단력을 흐리게 했기에 역사 속에서는 간신으로 낙인찍힌 경우가 많다. 연산군 때의 임사홍과 임숭재, 장녹수가 그러하며, 광해군 때의 이이첨, 김개시 등이 혼군과 함께 최후를 맞이한 대표적인 간신이다.

역사를 거슬러 올라가면 성군과 혼군의 차이는 쉽게 찾을 수 있다. 국가와 백성을 위한 정책 수립에 소임을 다하고 능력 있는 참모들과 힘을 합해 국정을 운영했다면 성군이고, 국가와 백성을 위험에 빠뜨리고 이를 조장하는 간신과 함께한 군주는 혼군인 것이다. 이러한 전제 조건을 고려하면서 조선을 대표하는 혼군 네 명을 알아보자. 혼군의 역사를 통해 이들의 부정적인 장면을 구체적으로 살펴보고 이를 반면교사로 삼아 가능한 한 혼군이 다시는 나타날 수 없는 토양을 만들어보고자 하는 것이 이 책의 작은 목표다.

《 차례 》

들어가는 글 5

1부   조선의 탄핵 군주, 핏빛 독재자 연산

1 —— 폐비 윤씨 사사 사건 15
- 왕비의 자리에 오른 숙의 윤씨 17
- 사약을 받고 폐서인이 된 폐비 윤씨 25
- 남성과의 관계가 문란하다는 이유로 처형된 어을우동 29

2 —— 연산군 광기의 시작, 그리고 복수의 피바람 32
- 정통성을 가진 적장자 왕, 연산군 33
- 무오사화와 갑자사화 38
- 패륜의 시작 43

3 —— 독재자 연산군의 폭정 47
- 잔인한 폭정과 사치스러운 향락 48
- 연산군의 비선 실세, 장녹수 53

4 —— 폭군을 물러나게 한 중종반정과 유배 57
- 바른말을 했다가 목숨을 잃은 김처선 58
- 진성대군, 반정을 일으키다 61

2부 성군인가 폭군인가, 두 얼굴의 왕 광해

1 ── 떡잎부터 남달랐던 광해군 69
- 선조와 공빈 김씨의 둘째 아들 광해군 70
- 임진왜란으로 세자 자리에 오른 광해군 74
- 선조가 고대하던 적장자의 탄생과 위기에 빠진 광해군 78

2 ── 개혁 군주 광해의 업적 81
- 대동법의 실시 82
- 중립 외교로 전쟁을 피한 광해군 85

3 ── 왕권에 대한 집착 91
- 계축옥사로 시작된 폐모살제 92
- 폐모론으로 둘로 나뉜 조정 96
- 무리한 토목 공사 99

4 ── 인조반정으로 왕위에서 쫓겨나다 105
- 마침내 쫓겨난 광해군 106
- 파란만장한 삶에 마침표를 찍다 108

3부 　조선을 버린 왕, 선조

1 ── 최초의 방계 출신 왕 선조　115
- 사림파, 본격적으로 정치에 참여하다　116
- 조선 최초 방계 출신의 왕　118

2 ── 서인과 동인의 치열한 당쟁　122
- 당쟁의 시작, 동서분당　123
- 끊임없이 이어지는 당쟁　128
- 선조의 선위에 반대를 청했다가 귀양을 떠난 정철　131

3 ── 임진왜란과 망명 계획　134
- 조선통신사의 의견 대립　135
- 임진왜란의 발발　138
- 한양을 버린 왕　142
- 명나라로 도망가려고 했던 선조　145

4 ── 악인과 암군 사이　149
- 피난을 떠난 선조, 의병을 모집한 광해군　150
- 판단력의 부재에 이은 불합리한 논공행상　156

4부 　 조선의 암흑기, 굴욕의 왕 인조

1 ── 인조반정의 준비와 명분 　 169
- 광해군에게 불만을 품은 능양군 　 170
- 능양군, 왕위에 오르다 　 173

2 ── 잘못된 시작, 이괄의 난 　 176
- 즉위하자마자 시작된 피의 숙청 　 177
- 권력과 부를 얻은 반정 세력 　 181

3 ── 조선 땅을 갉아먹은 두 번의 호란 　 187
- 대륙으로 세력을 넓히는 후금 　 188
- 정묘호란의 시작 　 190
- 후금의 두 번째 침략, 병자호란 　 198

4 ── 의문스러운 소현세자의 죽음 　 202
- 소현세자와 인조의 대립 　 206
- 며느리와 손자까지 죽음으로 내몬 인조 　 209

주요 키워드 　 213

1부

조선의 탄핵 군주, 핏빛 독재자 연산

연산군이 가장 싫어했던 말은 '능상'으로,
아랫사람이 윗사람을 업신여기는 것을 싫어했다.
신하가 감히 왕에게 반대하는 것을 참지 못했기에
경연을 금지한 것이다. 경연을 하면 신하들이 왕에게
"아니 되옵니다. 통촉하여 주시옵소서"라며
왕의 의견에 반대하고 자신들의 주장을 내세우니
아예 그런 자리를 금지해 버렸다.
"나는 경연이 아니라도 내 역량을 넓힐 수 있으니
경연을 하지 않고 내 능력 발휘할 것이다"라고 선언한 것이다.

1

폐비 윤씨 사사 사건

조선 시대의 혼군을 이야기할 때 가장 먼저 등장해야 하는 인물은 연산군燕山君이 아닐까 싶다. 연산군은 향락과 사치에 빠져 나라를 망친 잔인한 폭군이었으며, 조선에서 최초로 탄핵을 당한 왕이기 때문이다. 어떻게 군주제의 나라에서 왕이 탄핵을 당할 수 있었을까? 도대체 어떤 일을 했기에 왕이 탄핵까지 당하게 된 것일까? 질문의 답을 찾기 위해서는 먼저 연산군의 아버지인 성종成宗부터 알아야 한다.

연산군의 아버지 성종은 조선의 아홉 번째 왕으로, 지금까지는 그 업적에 비해 크게 주목받지 못했지만 연구를 거듭하며 세종, 영조, 정조만큼이나 업적이 많은 왕이라고 평가받고 있다. 일부에서는 "4대 성군에 포함되어도 손색이 없다"라고 말할 정도다.

성종 때 조선의 헌법인 『경국대전經國大典』이 완성되었고, 신라 단군 시대부터 고려 공양왕까지 1,400년의 역사를 기록한 역사서 『동국통감東國通鑑』이 완성되기도 했다.

무엇보다 성종은 경연經筵을 가장 많이 한 왕이기도 하다. 경연이란, 왕과 신하가 모여 학문을 토론하거나 의논이 필요한 현안 등을 브리핑하는 자리로, 경연 횟수가 많다는 것은 그만큼 왕이 공부를 많이 하고 학문에 관심이 많았다는 의미다.

또한 성종은 수양대군 때부터 조정에서 세력을 잡은 훈구파勳舊派를 견제하기 위해서 각 지방에서 학문을 연구하면서 성장한 사림파士林派를 적극 등용해, 훈구파와 사림파를 조화시키면서 국정을 운영해 나갔다. 조정의 권력을 한쪽에 몰아주지 않고 세력을 분배하려고 했다는 점은 훌륭한 선택이라는 평가가 있지만 성종 때 사림파를 적극 등용한 일이 훗날 당쟁의 시초가 되기도 했다는 점은 무척 안타까운 일이다.

왕비의 자리에 오른 숙의 윤씨

성종은 수양대군을 왕의 자리에 올린 일등 공신 한명회의 딸 공혜왕후恭惠王后 한씨와 결혼했지만 공혜왕후는 소생 없이 열아홉의 어린 나이에 세상을 떠나고 말았다. 왕비의 자리가 비었으니 성종은 계비를 맞아야 했고, 후궁이었던 숙의 윤씨를 두 번째 왕후로 맞았다. 숙의 윤씨가 바로 연산군의 어머니다.

왕이 계비를 맞이한다는 것은 곧 조선의 국모를 뽑는 일이기에 복잡한 간택 과정이 필요했지만 조선 전기까지만 해도 복잡한 간택 절차를 거치지 않고 왕의 후궁 중에서 계비를 뽑기도 했다. 예종睿宗의 계비 안순왕후安順王后도 원래 후궁이었는데 장순왕후章順王后가 사망한 후 왕비의 자리에 올랐다. 중종中宗도 첫 번째 왕비인 단경왕후端敬王后가

7일 만에 폐위된 뒤 후궁이었던 장경왕후章敬王后가 계비가 되었다.

이처럼 조선 전기에는 왕비(정비)가 승하하면 후궁 중에서 승진을 시켜 계비로 삼는 것이 관행처럼 지켜졌다. 이러한 관례가 깨진 것은 장경왕후가 승하한 다음 중종의 두 번째 계비를 선정할 때였다. 당시 가장 유력한 계비 후보는 중종의 장남 복성군福城君을 낳은 경빈敬嬪 박씨였다. 2001년에 방영한 〈여인천하〉라는 드라마에서 도지원 배우가 연기한 후궁으로 "뭬야"라는 유행어로 큰 인기를 끌기도 했다. 하지만 경빈 박씨는 연산군 시절에 흥청으로 활약했던 전력 때문에 결국 계비의 자리에 오르지 못했다.

조정에서는 고심 끝에 외부 간택으로 왕비를 선발했고, 그 결과 중종의 두 번째 계비가 된 인물이 문정왕후文定王后다. 문정왕후는 후궁에서 승진한 케이스가 아니라 외부 간택으로 선발된 첫 번째 계비, 요즈음의 개념으로 보면 공채 출신 첫 번째 계비로 볼 수 있다.

성종의 계비가 된 숙의 윤씨는 집현전 학자였던 윤기견의 딸로 성종의 첫 번째 후궁이기도 했다. 무엇보다 숙의 윤씨는 후궁 중에서도 돋보일 정도로 근면하고 검소하며 궁의 어르신들에게도 예의가 바르고 성종도 잘 보필해 평판이 좋았다고 한다.

> "그대 윤씨尹氏는 일찍이 덕행德行으로 간선揀選되어 오랫동안 궁궐宮掖에 거처하면서, 정숙貞淑하고 신실信實하며 근면하고 검소한 데다 몸가짐에 있어서는 겸손하고 공경하였으므로, 삼궁三宮에게 총애를 받았다. 이에 예법을 거행하여 왕비王妃로 책봉한다."
>
> 『성종실록』 70권, 성종 7년(1476년) 8월 9일

『성종실록』에서 말하는 삼궁이란 당시 대왕대비였던 세조의 비 정희왕후貞熹王后, 성종의 아버지 덕종德宗의 비이자 성종의 어머니 소혜왕후昭惠王后, 조선 제8대 왕 예종의 계비인 안순왕후를 말한다. 이렇듯 숙의 윤씨는 궁궐의 어르신들에게도 총애를 받을 만큼 인정받는 후궁이었다. 당시 숙의 윤씨가 성종의 첫아이를 임신 중이었던 것도 계비의 자리에 오르는 데 영향을 미쳤다. 숙의 윤씨는 왕비로 책봉된 이후 성종의 적장자인 연산군을 출산했다.

하지만 윤씨가 왕비의 자리에 오르고 적장자를 출산한 지 얼마 되지도 않아 성종과의 갈등이 시작된다. 윤씨는 성종보다 연상이었던 것으로 추측하는데, 성종은 왕비에게만 빠져 있지 않고 어린 후궁을 자주 찾았다. 그에 불만을 가진 윤씨는 소용 정씨, 숙의 임씨 등의 후궁을 질투했고 심지어 후궁들을 독살하려는 계획까지 세웠다고 한다.

"이달 20일에 감찰監察 집에서 보냈다고 일컬으면서 권숙의權淑儀의 집에 언문을 던지는 자가 있었는데, 권숙의의 집에서 주워서 보니 정소용鄭昭容과 엄숙의嚴淑儀가 서로 통신通信하여 중궁中宮과 원자元子를 해치려고 한 것이다. 생각건대, 정소용이 한 짓인 듯하다. 그러나 지금은 임신하였으므로 해산한 뒤에 국문하려고 한다.

그런데 하루는 주상이 중궁에서 보니 종이로 쥐구멍을 막아놓았는데, 쥐가 나가자 종이가 보였고, 또 중궁의 침소에서 작은 상자가 있는 것을 보고 열어보려고 하자 중궁이 숨겼는데, 열어보았더니 작은 주머니에 비상砒霜이 들어 있고, 또 굿하는 방법의 서책書冊이 있었다. 이에 쥐구멍에 있는 종이를 가져다가 맞춰본즉 부절符節과 같이 맞았는데, 이것은 책이 잘린 나머지 부분이었다. 놀라서 물으니, 중궁이 대답하기를 '친잠親蠶할 때 종婢 삼월三月이가 바친 것이라' 하고 또 삼월이에게 물으니 실토하여 모두 그 사실을 알았다."

『성종실록』 78권, 성종 8년(1477년) 3월 29일

한 나라의 왕비이자 다음 왕의 어머니가 될 사람이 후궁을 모함하고 굿을 해서 저주했으며 거기다 비상을 소지하고 독살하려는 계획까지 세웠으니, 이 사실을 알게 된 성종은 분노하지 않을 수 없었다. 이 때문에 부부 싸움이 일어났고, 『조선왕조실록朝鮮王朝實錄』에는 기록되지 않았지만 야사에 따르면 부부 싸움을 하다가 왕비 윤씨가 손톱으로 성종의 얼굴에 상처를 입혔다고 한다. 이 사실을 알게 된 성종의 어머니 소혜왕후, 즉 인수대비仁粹大妃가 크게 분노해 왕비 윤씨를 사가로 쫓아낸다.

"인수대비가 세조의 잠저潛邸 때부터 밤낮으로 정성껏 시부모를 섬겼고, 빈嬪으로 책봉된 뒤에는 더욱 부도婦道를 삼가니 세조가 효부라는 도장을 만들어서 내렸다. 대비

는 천품이 엄정하여 왕손들을 기르되 조금이라도 과실이 있으면 덮어주지 않고 곧 얼굴빛을 바로하고 경계하였으므로 시부모는 농담으로 폭빈暴嬪이라 하였다. 효성으로 봉양하는 여가에 부녀자의 무식함을 걱정하여『열녀전』『여교명감』『소학』등 서적을 가져다 그 절실하고 중요한 부분을 뽑아서 모두 일곱 장으로 나누어 이름을『내훈』이라 하고 국문으로 번역하였다."

『연려실기술』, 세조조 고사본말, 덕종고사

인수대비는 덕종의 아내이자 세조의 며느리로, 세조가 왕의 자리를 차지한 뒤 남편인 도원군桃源君이 의경세자懿敬世子에 오르며 세자빈이 되었다. 인수대비는 시부모를 정성껏 모시며 세자빈으로 자리를 지켰지만 의경세자가 스무 살에 세상을 떠나는 바람에 궁궐을 떠났다. 그러다가 세조의 둘째 아들인 예종의 뒤를 이어 아들 성종이 왕이 되면서 대비로 궁에 입궐하게 된다. 의경세자는 아들인 성종이 왕위에 오르며 덕종으로 추존된다.

인수대비는 그 당시 여성으로서는 이례적으로 문자도 잘 알고 책을 쓰기도 했는데,『열녀전烈女傳』,『여교명감女敎

明鑑』, 『소학小學』 등 여러 책을 모아서 『내훈內訓』이라는 여성을 위한 교양 지침서를 썼다. 『내훈』은 "여성은 여성답게 살자. 여성은 남편을 위해서, 또 자식을 위해서, 아버지를 위해서 살아가야 한다"는 내용을 담았다. "조선의 여성들이여! 남편을 잘 모시고 시부모 잘 모시고 자식을 잘 키우자"라는 가치관을 널리 알리고자 하였지만, 지금의 시각으로 보면 여성의 역할과 능력을 제한한 책이기도 하다.

이런 책을 쓸 정도로 여성의 몸가짐과 규범에 예민했던 인수대비였으니, 자신의 며느리가 남편이자 왕인 성종의 용안에 상처를 낸 일을 결코 용서할 수 없었다. 결국 인수대비는 왕비 윤씨의 폐출廢黜을 강하게 요구했고 1479년 왕비 윤씨는 서인庶人으로 강등되어 궁 밖으로 쫓겨난다.

> "교서教書를 반포하기를 '왕비 윤씨는 후궁後宮으로부터 드디어 곤극坤極의 정위正位가 되었으나, 음조陰助의 공은 없고, 도리어 투기妬忌하는 마음만 가지어, 지난 정유년(1477년)에는 몰래 독약毒藥을 품고서 궁인宮人을 해치고

자 하다가 음모陰謀가 분명히 드러났으므로, 내가 이를 폐하고자 하였다. (중략) 그러니 결단코 위로는 종묘宗廟를 이어 받들고, 아래로는 국가國家에 모범이 될 수가 없으므로, 이에 성화成化 15년(1479년) 6월 2일에 윤씨를 폐하여 서인으로 삼는다' 하였다."

『성종실록』 105권, 성종 10년(1479년) 6월 2일

"경자년 10월에 윤비尹妃는 죄를 지어 폐출되었다. 11월에 숙의 윤씨를 승격시켜 비妃, 정현왕후貞顯王后로 삼았다. 처음에 윤비가 원자를 낳아 임금의 사랑이 두터워지자 교만하고 방자하여 여러 후궁 양가良家의 엄씨嚴氏와 정씨鄭氏를 투기하고 임금에게도 공손하지 못하였다. 어느 날 임금의 얼굴에 손톱자국이 났으므로 인수대비가 크게 노하여 임금의 노여움을 돋워 외정外廷에서 대신에게 보이니 윤필상尹弼商 등은 임금의 뜻을 받들어 의견을 아뢰어 윤비를 폐하여 사제私第로 내치도록 하였다."

『연려실기술』, 성종조 고사본말, 윤씨의 폐사

사약을 받고 폐서인이 된 폐비 윤씨

이 과정에 또 흥미로운 야사가 하나 등장한다. 성종은 폐출된 윤씨가 마음에 걸렸는지, 아니면 미운 정 때문인지 내시를 시켜 "폐비 윤씨가 반성하고 있는지 한번 살펴보고 오라"라고 명을 내린다. 폐비 윤씨를 보고 온 내시는 인수대비의 명령을 받아 "폐비 윤씨가 반성도 하지 않고 얼굴에 화장까지 합니다"라는 보고를 올렸다. 결국 성종은 폐비 윤씨가 반성의 기색조차 보이지 않는다는 이유로 사약을 내리게 된다. 이런 야사에 따르면, 폐비 윤씨의 폐출과 사사에는 시어머니 인수대비의 영향력이 매우 컸고, 그 결과 폐비 윤씨의 아들인 연산군이 인수대비에게 패륜 행위를 저지르게 되었다.

> "기유년 여름 5월에 폐비 윤씨에게 사약을 내려 죽게 하였다. 이때 경상감사 손순효孫舜孝가 울면서 소를 올려 극력으로 간하였다. 윤씨는 폐위되자 밤낮으로 울어 끝내는 피눈물을 흘렸는데 궁중에서는 훼방하고 중상함이 날로 더하였다. 임금이 내시를 보내어 염탐하게 하였더

니, 인수대비가 그 내시를 시켜 '윤씨가 머리 빗고 낯 씻어 예쁘게 단장하고서 자기의 잘못을 뉘우치는 뜻이 없다'라고 대답하게 하였다. 임금은 그 참소를 믿고 죄를 더 주었던 것이다.『기묘록』"

『연려실기술』, 세조조 고사본말, 윤씨의 폐사

조선 전기만 해도 아직 여성의 지위가 높았던 고려 사회의 영향이 남아 있어서 왕실 여성들이 적극적으로 행동했고 그 권위도 센 편이었다. 남편인 수양대군을 적극적으로 보좌해서 왕의 자리에 오르는 데 기여한 정희왕후 또한 그 예다.

"송석손 등이 옷을 끌어당기면서 두세 번 만류하니, 세조가 (중략) 말리는 자를 발로 차고 하늘을 가리켜 맹세하기를 '지금 내 한 몸에 종사의 이해가 매었으니, 운명을 하늘에 맡긴다. 장부가 죽으면 사직社稷에 죽을 뿐이다. 따를 자는 따르고, 갈 자는 가라. 나는 너희들에게 강요하지 않겠다. 만일 고집하여 사기事機를 그르치는 자가 있으면 먼저 베고 나가겠다. 빠른 우레에는 미처 귀도 가리지 못하는 것이다. 군사는 신속한 것이 귀하다. 내가 곧 간흉奸凶을 베어 없앨 것이니, 누가 감히 어기겠는가' 하고 중문에 나오니 자성왕비慈聖王妃가 갑옷을 끌어 입히었다."

『단종실록』 8권, 단종 1년(1453년) 10월 10일

『단종실록』에서는 수양대군이 거사를 일으키기 전에 주저하는 모습을 보이자, 아내인 정희왕후가 직접 남편에게 갑옷을 입혔다는 기록이 나온다. 실패하면 역모로 처형당할지도 모르는 난을 앞두고도 적극적으로 수양대군에게 힘을 보태준 것이다.

조선 전기에는 왕실의 여성도 이렇듯 적극적인 여성상을 보여주는데, 성종 때부터 성리학 이념을 강화하면서 조선의 여성들에게 '아내'와 '어머니', '며느리'의 역할을 강조한다. 왕의 어머니인 인수대비가 솔선수범해 『내훈』 같은 책을 써서 여성의 역할을 규정하고 그에 맞지 않는 며느리를 궁궐에서 내쫓은 것이다.

"항상 나를 볼 때 일찍이 낯빛을 온화하게 하지 않았으며, 혹은 나의 발자취를 찾아서 없애버리겠다고 말하였

다. 비록 초부樵夫의 아내라 하더라도 감히 그 지아비에게 저항하지 못하는데, 하물며 왕비가 임금에게 있어서이겠는가? (중략) 내가 살아 있을 때야 어찌 변變을 만들겠는가마는, 내가 죽으면 반드시 난亂을 만들어낼 것이니 경 등은 반드시 오래 살아서 목격目擊할 자가 있을 것이다."

『성종실록』 105권, 성종 10년(1479년) 6월 5일

  물론 왕비 윤씨의 폐출과 사약을 내릴 것을 최종적으로 결정한 사람은 성종이다. 성종은 폐비 윤씨에게 사약을 내리면서 이런 발표를 한다. 나무꾼의 아내라도 지아비를 섬겨야 하는데 심지어 왕비가 왕에게 평소에도 좋은 표정을 보이지 않고 공공연히 발자취까지 없애버린다고 떠드니 왕비의 자리에 둘 수 없다는 말이다. 성종은 자신이 죽으면 분명 왕비가 문제를 일으킬 테니 살아 있을 때 문제를 미리 없애고 궁궐의 기강을 바로잡겠다고 말한다. 이런 명분에 따라 결국 폐비 윤씨는 사약을 받게 되었다.

남성과의 관계가 문란하다는 이유로
처형된 어을우동

"어우동於于同은 지승문知承文(승문원의 관리) 박 선생의 딸이다. 그녀는 집에 돈이 많고 자색이 있었으나, 성품이 방탕하고 바르지 못하여 종실인 태강수의 아내가 된 뒤에도 군수가 막지 못하였다. 어느 날 나이 젊고 훤칠한 장인을 불러 은그릇을 만들었다. 그녀는 이를 기뻐하여 매양 남편이 나가고 나면 계집종의 옷을 입고 장인의 옆에 앉아서 그릇 만드는 정교한 솜씨를 칭찬하더니, 드디어 내실로 끌어들여 날마다 마음대로 음탕한 짓을 하다가, 남편이 돌아오면 몰래 숨기곤 하였다. 그의 남편은 자세한 사정을 알고 마침내 어우동을 내쫓아버렸다. 그 여자는 이로부터 방자한 행동을 거리낌 없이 하였다."

성현成俔의 『용재총화慵齋叢話』

폐비 윤씨가 사약을 받기 전, 성리학의 명분을 지키지 않았다는 이유로 처형된 또 한 명의 여성이 있었다. 바로 그 유명한 어을우동於乙宇同이다. 흔히 어을우동, 어우동이라 부르는 이 여성은 영화나 드라마에서 기생 같은 옷차림으로 등장해 문란하고 자유로운 여성으로 그려지는데, 사실 어을우동은 양반집 규수였다. 어을우동은 부와 명예를 가진 양반집 규수로 태어나 종실 태강수泰江守 이동李仝과 결혼했다. 그럼에도 불구하고 지위 고하를 막론하고 열 명이 넘는 남자와 간통했는데, 분명 문제가 많은 행동이었으나 사형이 처할 만한 죄는 아니었다.

이 무렵 『성종실록』의 기록을 보면 조정에서도 어을우동을 어떤 방식으로 처벌할 것인가 논의가 이루어졌다. 신하들은 "어을우동의 죄가 비록 중하지만 사형에 이를 정도는 아닙니다"라고 했지만 성종은 "어을우동은 음탕하게 방종하기를 꺼림이 없게 하였는데, 이런데도 죽이지 않는다면 뒷사람이 어떻게 징계되겠느냐? 의금부義禁府에 명하여 사율死律을 적용하여 아뢰게 하라"라고 명을 내린다.

1480년에 어을우동이 극형에 처해진 사건과 1482년에 폐비 윤씨가 사약을 받은 사건은 조선이라는 나라가 엄격한 성리학 국가로 나아가는 과정에서 남성의 권위에 도전하는 여인들에게 강력한 처벌을 가한 것이었다. 그만큼 국가의 정체성을 확립하고 그에 따라 여성의 역할을 제한하고자 했음을 보여준다.

조선의 여성들은 성리학의 이념에 따라 삼종지도三從之道를 지켜야 했다. 삼종지도란 유교 사회의 여성이 지켜야 할 세 가지 도리로, 집에서는 아버지의 뜻을 따르고, 시집을 가면 지아비에게 순종하고, 지아비가 죽으면 아들의 뜻을 따라야 한다는 것이다. 삼종지도는커녕 어을우동은 자신의 뜻에 따라 여러 명의 남자를 만나며 방종했다는 죄로 교수형에 처해졌고 폐비 윤씨는 지아비에게 순종하지 못했다는 이유로 사사당했다.

어을우동과 비슷한 사례가 『세종실록』에 기록된 유감동兪甘同이라는 인물이다. 유감동 또한 양반집 규수였음에도 불구하고 40여 명의 남자와 간통했다. 더구나 간통 상대가 대부분 관직에 있는 자들이라 큰 문제가 되었다. 그중에는 황희 정승의 아들인 황치신이 있었을 정도였다. 결국 유감동은 먼 지방으로 쫓겨났고 유감동과 간통한 남자들은 곤장을 맞기도 했으나 대부분 관직에 복귀했다. 유감동의 사례만 봐도 세종 때보다 성종 때 성리학의 이념이 강화되었음을 알 수 있다.

2

연산군 광기의 시작, 그리고 복수의 피바람

　폐비 윤씨가 사약을 받을 당시 아들 연산군은 이미 세자에 책봉된 상태였다. 세자의 어머니가 사약을 받아 죽었으니 왕실에서도 세자에게 어머니의 죽음을 어떻게 알려야 할지 고민이 컸을 것이다. 성종은 "절대 세자에게 폐비 윤씨의 죽음을 알리지 말라"라며 그의 죽음을 숨기고자 했다. 하지만 왕실에서 숨기고자 했던 폐비 윤씨의 죽음은 훗날 연산군에게 큰 스트레스와 트라우마의 원인이 된다.

성종은 조선의 왕 중에서도 경연을 가장 열심히 할 정도로 학문에 관심이 많았지만 아들 연산군에게 공부를 강요하거나 세자로서의 역할을 엄격하게 요구하지 않았다. 『연산군일기』를 보면 "소시에 학문을 좋아하지 않아서 동궁에 딸린 벼슬아치로서 공부하기를 권하는 이가 있으매 매우 못마땅하게 여겼다"라고 기록되어 있다. 즉, 연산군은 어릴 때부터 공부와는 거리가 멀었고 성종도 마음의 부채 때문인지 학문에 정진하라고 강요하지 않았던 것이다.

정통성을 가진 적장자 왕, 연산군

연산군은 조선의 왕 중에서 적장자 출신으로는 세 번째 왕이다. 조선 왕실 최초의 적장자 왕은 문종이었지만 2년 3개월 만에 세상을 떠났고, 문종의 뒤를 이은 적장자 단종은 어린 나이에 삼촌에게 왕위를 빼앗기고 죽임을 당했다. 그 뒤를 이어 드디어 정통성에 문제가 없는 적장자 출신의 세자가 탄생한 것이다. 아마 연산군도 "내가 정통이고 적장자인데, 감히 나한테 공부하란 소리 따위 하지 마!"라고 당당했을지도 모른다.

연산군은 아버지 성종이 경연하는 모습을 보면서도 "아버지는 왕인데도 왜 저렇게 살아? 맨날 신하들한테 끌려가서 공부하자 그러면 공부하고, 경연하자 그러면 경연하고 그래야 해? 나는 저렇게 살지 않을 거야"라고 부정적인 태도를 보인다. 그래서인지 연산군은 왕이 되자마자 경연을 폐지해 버린다.

『중종실록』에도 연산군의 성품을 보여주는 기록이 있다.

> "성묘成廟가 빈전殯殿에 있을 적에 성묘가 길들여 기른 사슴을 손수 쏘아 삶거나 구워서 먹었다."
>
> 『중종실록』 1권, 중종 1년(1506년) 9월 2일

궁궐 안에 성종이 길들인 사슴이 한 마리 있었다. 그런데 성종이 세상을 떠난 직후에 연산군이 그 사슴을 활로 쏴서 구워 먹었다는 기록이다. 아버지가 애지중지 키웠던 사슴을 직접 활을 쏴서 죽였다는 기록을 보면 연산군이

원래도 안하무인에 포악한 성격을 가지고 있었음을 알 수 있다.

이런 연산군이 어머니의 죽음을 정말 몰랐을까? 어머니의 죽음에 관한 진실이 연산군을 혼군으로 만든 것일까? 여기에도 상당한 논란이 있다. 성종은 연산군에게 생모의 죽음을 절대 알리지 말라고 했고, 연산군은 폐비 윤씨가 폐위되고 난 후 성종의 두 번째 계비가 된 정현왕후貞顯王后 윤씨의 아들로 키워졌다. 원래 연산군은 자신의 어머니가 정현왕후인 줄로만 알고 있었다.

그러던 중 성종의 묘지문에 "폐비 윤씨의 아버지가 윤기견尹起畎이다"라고 적혀 있어 연산군은 처음으로 의문을 가지게 된다. 외조부 이름이 윤기견으로 되어 있는데 정현왕후의 아버지는 윤기견이 아니라 윤호尹壕였기 때문이다. 그 이유를 알아보았더니 연산군에게는 생모가 따로 있었고 폐비가 되어 사약을 받았다는 것이다. 그래서 연산군은 성종이 세상을 떠난 직후 친어머니의 존재를 알게 되었다고 본다.

"왕이 성종의 묘지문墓誌文을 보고 승정원에 전교하기를

'이른바 판봉상시사判奉常寺事 윤기견이란 이는 어떤 사람이냐? 혹시 영돈녕領敦寧 윤호를 기견이라 잘못 쓴 것이 아니냐?' 하매 승지들이 아뢰기를 '폐비 윤씨의 아버지인데, 윤씨가 왕비로 책봉되기 전에 죽었습니다' 하였다. 왕이 비로소 윤씨가 죄로 폐위廢位되어 죽은 줄을 알고 수라水剌를 들지 않았다."

『연산군일기』4권, 연산 1년(1495년) 3월 16일

드라마나 소설 등에서는 연산군이 왕이 되고도 10여 년이 흐른 뒤에 간신 임사홍이 "어머니의 죽음에 대한 진실을 알고 계십니까?"라고 말하며 친어머니의 존재를 알렸다고 하지만 그렇지 않다. 임사홍이 폐비 윤씨의 죽음에 대한 진실을 알린 것이 갑자사화라는 비극을 일으키기는 했으나 연산군은 왕이 된 직후에 어머니가 누구인지 알았고, 어머니의 죽음도 알고 있었다고 추측한다.

"임금이 경복궁景福宮에 거둥하여 사정전思政殿에 나아가 왕세자를 책봉하였다. 그 책문에 이르기를 '세자를 세워 여정輿情을 붙잡아 매는 것은 대본大本을 위함이며 주기主

彝倫에는 맞아들만한 자가 없으니, 이는 실로 큰 이륜彝倫이다. 이에 지난날의 법도를 상고하여, 금보金寶와 옥책玉冊을 내리노라. 아! 너 이융李㦕은 그 경사 창진蒼震에 응하였고 그 상서 황리黃離에 부응했도다. 나면서부터 영리하여 일찍부터 인효仁孝의 성품이 현저하고, 총명이 날로 더해가 장차 학문의 공이 융성할 것이니, 마땅히 동궁東宮에서 덕을 기르고 대업을 계승할 몸임을 보여야 할 것이다. 그래서 너를 세워 왕세자로 삼는다'라고 하였다."

『성종실록』 151권, 성종 14년(1483년) 2월 6일

연산군이 여덟 살의 나이에 세자로 책봉되었던 때의 기록을 보면 어렸을 때는 영리하고 인품도 좋고 효성도 지극하다고 평가받았다. 『조선왕조실록』은 왕의 어린 시절부터 시작해 왕의 일대기를 기록해 두었는데, 대부분의 왕은 어릴 때부터 총명하고 똑똑하고 성격이 좋다고 나오는 편이다. 연산군조차도 어릴 때는 인품이 좋았고 효성이 지극했다고 기록되어 있다. 하지만 성종이 사망한 이후 연산군이 열아홉의 나이로 왕이 되었고 이때부터는 연산군의 흉포한 성격이나 나쁜 행실이 점차 기록에서도 드러난다.

무오사화와 갑자사화

태조 이성계가 조선을 건국하고 성종 대에 이르러서는 신하들의 힘이 무척 강해졌다. 신하들은 항상 왕을 견제하고 비판했으나 연산군은 그런 신하들의 비판을 참을 수가 없었다. 선대 왕들처럼 신하를 적절히 배치하고 유연하게 명령을 내릴 마음이 없었고 즉위 4년까지는 신하들과의 힘겨루기가 계속되었다. 그 과정에서 경연을 없애 버리고, 정사를 논의하고 관리를 감시하던 사헌부司憲府, 임금에게 간언하던 사간원司諫院, 임금의 자문에 응하고 문서를 관리하던 홍문관弘文館, 즉 임금에게 직언할 수 있었던 삼사三司의 기능을 약화시켰다.

연산군이 가장 싫어했던 말은 '능상凌上'으로, 즉 아랫사람이 윗사람을 업신여기는 것을 싫어했다. 신하가 감히 왕에게 반대하는 것을 참지 못했기에 경연을 금지한 것이다. 경연을 하면 신하들이 왕에게 "아니 되옵니다. 통촉하여 주시옵소서"라며 왕의 의견에 반대하고 자신들의 주장을 내세우니 아예 그런 자리를 금지해 버렸다. "나는 경연이 아니라도 내 역량을 넓힐 수 있으니 경연을 하지 않고 내 능력 발휘할 것이다"라고 선언한 것이다.

결국 1498년에 사건이 일어난다. 무오년戊午年에 일어난 사화士禍, 즉 무오년에 사림이 화를 당했다고 해서 무오사화戊午士禍라고 부르는 사건이다. 무오사화의 원인은 『조선왕조실록』의 저본이 되는 사초史草였다. 보통 『조선왕조실록』은 당대에는 기록만 해두었다가 다음 왕이 즉위하면 편찬을 시작한다. 성종 때 사관들이 기록한 사초들을 쭉 모아놨다가 성종이 승하한 이후에 『성종실록』의 편찬을 시작하는데, 연산군 때 『성종실록』 편찬을 맡았던 이는 이극돈李克墩이라는 훈구파 대신이었다. 이극돈은 춘추관 사관인 김일손金馹孫이 자신에 대해 나쁜 내용을 썼을 것이라 생각하고 지위를 이용해 거래를 시도한다.

이극돈은 김일손을 불러서 "자네 나에 대해 나쁘게 쓴 내용이 있는가? 그 내용을 없애준다면 내가 잘해주겠네"라고 회유한다. 조선 시대의 야사를 모아둔 『연려실기술燃藜室記述』에 따르면 "이극돈이 일찍이 전라감사로 있을 때 성종의 초상을 당하였는데, 서울에 향을 바치지도 않고 기생을 싣고 다닌 일이 있었다. 김일손이 그 사실과 또 뇌물 먹은 일을 사초에 썼더니 이극돈이 고쳐주기를 청했으나 그 청을 거절하자 김일손에게 감정을 품고 있었다.

김일손은 이극돈의 청을 들어주지 않았고 이에 화가 난 이극돈은 당대의 간신 유자광을 불러 김일손이 쓴 사초를 조사하라고 지시한다. 유자광이 사초를 찾아보니 성종이 승하했을 때 이극돈이 기생과 놀았고 뇌물까지 주었던 사실이 모두 실려 있었다. 어떻게 해야 하나 고민하던 유자광의 눈에 김일손이 쓴 사초 중 스승 김종직金宗直의 글이 들어온다. 바로 「조의제문弔義帝文」이다. 의제義帝를 조문하는 글로, 의제는 중국 초나라 항우에 의해 왕의 자리에서 쫓겨난 인물이다. 초나라의 이야기가 조선에서 무슨 문제일까 싶겠지만, 문제는 조선에도 의제와 비슷한 왕이 한 명 있었던 것이다. 바로 단종이다. 즉, 김종직은 드러내놓고 세조를 비판할 수 없으니 중국의 왕 의제를 언급하며 비유적으로 세조를 비판한 것이었다.

유자광은 이 글을 보고 쾌재를 불렀다. 그렇지 않아도 사림파들이 사헌부, 사간원, 홍문관에 포진해 왕에게 간언하는 꼴이 영 마음에 들지 않았는데, 이 골칫덩어리들이 감히 왕의 증조할아버지인 세조를 비판하는 불손한 기록까지 남긴 것이다. 결국 이 「조의제문」으로 발발한 무오사화로 스승의 글을 사초에 남긴 김일손은 능지처참을 당했고, 이미 사망한 김종직은 부관참시를 당했으며, 김일손과 뜻을 같이했던 사림파, 특히 영남 지역 사림파들이 대거 화를 입었다.

사실 무오사화는 이극돈과 김일손 사이의 문제만이 아니었다. 유자광과 김종직의 악연도 유자광의 고발에 영향을 미쳤다. 김종직이 함양군수로 있을 때 간신으로 승승장구하던 유자광이 함양 지역에 있는 정자 학사루學士樓의 현판을 썼다. 그 현판을 본 김종직이 유자광 같은 간신이 쓴 현판을 걸어놓은 것에 분노해 현판을 떼어버렸고 이 사실을 알게 된 유자광이 이를 갈았는데, 무오사화로 김종직이 부관참시를 당하며 유자광이 복수했다는 기록이 전해진다.

조선 조정에 일어난 피바람은 무오사화로 멈추지 않았다. 6년 후인 1504년, 갑자년甲子年에 또다시 갑자사화甲子士禍가 일어난다. 갑자사화는 연산군의 어머니 폐비 윤씨를 위한 광적인 복수극이었다. 사실 표면상으로는 어머니에 대한 복수를 내세웠지만, 그 안에는 자신의 독재에 저항하는 신하들에 대해서는 훈구파건 사림파건 가리지 않고 정치적 보복을 해야 성이 찼던 연산군의 광기가 자리 잡고 있었다.

연산군은 어머니의 복위를 위해 폐비 윤씨 사건을 파헤치고 주범으로 성종의 후궁인 숙의 엄씨와 숙의 정씨를 지목한다. 그리고 연산군은 숙의 정씨의 아들 안양군安陽君과 봉안군鳳安君을 불러 자루를 씌워 묶어둔 숙의 엄씨와 숙의 정씨를 때리라고 명한다. 어두운 밤에 아들로 하여금 어머니를 때리게 하는 엄청난 패륜 행위를 하도록 만들었고, 봉안군이 어머니라 눈치채고 차마 때리지 못하니 다른 사람을 시켜 마구 때리게 해서 성종의 후궁 두 명을 잔인하게 죽여버렸다.

> "전교하기를 '안양군 이항李㤚과 봉안군 이봉李㦀을 목에 칼을 씌워 옥에 가두라' 하고 항과 봉이 나오니 밤이 벌써 3경이었다. 항과 봉은 정씨鄭氏의 소생이다. 왕이 모비母妃 윤씨가 폐위되고 죽은 것이 엄씨嚴氏와 정씨의 참소 때문이라 하여, 밤에 엄씨와 정씨를 대궐 뜰에 결박하여 놓고, 손수 마구 치고 짓밟다가 항과 봉을 불러 엄씨와 정씨를 가리키며 '이 죄인을 치라' 하니 항은 어두워서

누군지 모르고 치고, 봉은 마음속에 어머니임을 알고 차마 장을 대지 못하니, 왕이 불쾌하게 여겨 사람을 시켜 마구 치되 갖은 참혹한 짓을 하여 마침내 죽였다."

『연산군일기』 52권, 연산 10년(1504년) 3월 20일

패륜의 시작

그렇다면 폐비 윤씨에게 사약을 내리는데 가장 큰 영향을 미쳤던 인수대비는 어떻게 되었을까? 연산군은 왕실의 최고 어른이자 할머니인 인수대비에게도 복수극을 벌인다. 연산군은 안양군과 봉안군의 머리털을 잡고 인수대비의 침전으로 향한다. 그러고는 "이 사랑하는 손자가 드리는 술잔이나 한번 맛보십시오"라며 안양군을 독촉해 잔을 올린다. 연산군은 잔을 올린 뒤 "사랑하는 손자에게 하사하는 것은 없습니까?"라고 했고 인수대비가 베 두 필을 가져다주었다. 이때 연산군은 "어찌하여 우리 어머니를 죽였습니까?"라며 인수대비를 원망하고 협박한다. 연산군의 패륜에 놀라고 위협을 느낀 인수대비는 화

병 때문인지 사건 직후에 세상을 떠나고 말았다.

결국 연산군은 아버지의 후궁 두 명을 때려서 죽이고, 그 아들이자 자신의 이복형제인 안양군과 봉안군을 귀향 보낸 뒤 사사하고, 이를 만류하는 인수대비에게도 대들어 결국에는 그 스트레스로 죽게 만든 패륜 행위를 저지른 것이다.

> "왕이 항과 봉의 머리털을 움켜잡고 인수대비 침전으로 가 방문을 열고 욕하기를 '이것은 대비의 사랑하는 손자가 드리는 술잔이니 한 번 맛보시오' 하며, 항을 독촉하여 잔을 드리게 하니 대비가 부득이하여 허락하였다. 왕이 또 말하기를 '사랑하는 손자에게 하사하는 것이 없습니까?' 하니 대비가 놀라 창졸간에 베 두 필을 가져다주었다. 왕이 말하기를 '대비는 어찌하여 우리 어머니를 죽였습니까?' 하며 불손한 말이 많았다. 뒤에 내수사(內需司)를 시켜 엄씨와 정씨의 시신을 가져다 찢어 젖을 담가 산과 들에 흩어버렸다."
>
> 『연산군일기』 52권, 연산 10년(1504년) 3월 20일

『연산군일기』에 담긴 기록도 잔인하지만 야사인 『연려실기술』에는 연산군이 머리로 인수대비의 몸을 들이받았고, 이에 인수대비는 "흉악하구나 하며 자리에 눕고 말하지 아니하였다. 『소문쇄록』(『연려실기술』 6권, 연산조 고사본 말 중)"라는 기록이 남아 있다. 연산군은 효와 예를 중시하는 조선의 왕으로서는 있을 수도 없고 해서는 안 되는 일을 벌인 것이다.

갑자사화의 피바람은 궁궐 안 다섯 사람의 죽음에서 멈추지 않았다. 폐비 윤씨에게 사약을 가지고 갔던 이세좌李世佐라는 문신이 연산군이 연 잔치에서 실수로 술잔을 엎지르는 사건이 발생했다. 이것이 빌미가 되어 연산군이 "이세좌? 우리 어머니에게 사약을 갖다준 자가 아니냐?"라고 말하자 이때다 싶었던 간신 임사홍이 폐비 윤씨의 죽음에 관계된 사람들의 이름을 모아 연산군에게 올린다. 광기와 폭정에 빠진 연산군은 이세좌에게는 자결하라 명하고, 관련된 사람들을 모두 처형하고 이미 죽은 사람은 부관참시하는 등 엄청난 복수의 피바람을 일으킨다. 갑자사화의 희생자는 거의 240여 명에 달했고 그중 사형당하거나 부관참시당한 사람도 120여 명에 이르렀다.

갑자사화를 일으킨 사람은 연산군이지만 연산군만큼 갑자사화에 큰 영향을 미친 사람이 바로 임사홍이다. 임사홍은 갑자사화의 기획자라고 불릴 정도다. 임사홍은 성종 때 부마가 될 정도로 촉망받는 관료였으나 한 사건으로 탄핵을 당해 나락으로 떨어졌다가 연산군을 뒷배로 부활한다.

간신의 피는 아들에게도 이어져 임사홍의 아들 임숭재 또한 사치와 향락에 빠진 연산군을 위해 궁정의 기생인 흥청을 모으는 데 주도적인 역할을 하면서 두 부자는 확실한 간신으로 자리 잡았다. 갑자사화는 어머니의 죽음에 분노한 연산군의 복수였으나 정적을 제거하기 위한 임사홍의 계략도 한 몫을 하였다고 볼 수 있다.

3

독재자 연산군의 폭정

짧은 시간 내에 일어난 두 번의 사화로 조정 신하들은 몸을 사릴 수밖에 없었다. 말 한마디만 잘못해도, 간신의 눈에 거슬려도 언제 죽을지 모르니 신하들은 몸을 낮추고 간언을 삼갔고 연산군의 공포 정치는 더욱 본격화되었다.

연산군의 공포 정치를 보여주는 대표적인 상징물은 '충성사모忠誠紗帽'다. "항상 왕에게 충성하라"라는 뜻을 담아 사모관대 앞뒤로 충성 두 글자를 새겨 신하들에게 충성

사모를 쓰고 다니게 했는데, 아무리 군주제 국가라고 하더라도 무척 굴욕적인 일이 아닐 수 없다.

또한 환관들에게는 말을 삼가라는 글귀를 새긴 신언패愼言牌를 착용하게 했다. 신언패에는 "입은 화근의 문이요口是禍之門, 혀는 몸을 베는 칼이라舌是斬身刀, 입을 다물고 혀를 깊이 감추면閉口深藏舌, 몸이 어느 곳에 있든 편안하리라安身處處牢"라는 글귀가 적혀 있었다. 즉, 목숨을 지키고 싶으면 말조심하라는 것이다. 심지어 한가함을 허락한다는 허한패許閑牌를 만들어 신하들이 마음대로 쉬지도 못하게 했다. 왕이 허한패를 내려야만 쉴 수 있었고 이는 관리를 감시하는 수단이 되기도 했다.

잔인한 폭정과 사치스러운 향락

"전교하기를 '김취인金就仁과 정성근鄭誠謹을 함께 처형하여 머리를 철물전 앞 다리에 매달라' 하고, 어서御書를 내리기를 '성근은 간사한 생각, 거짓 충성으로 은밀히 아첨하는 생각을 가지고, 시제時制를 어기어 가며, 3년간 소식

素食을 한 죄이고 (중략)' 하였다."

『연산군일기』 53권, 연산 10년(1504년) 윤4월 15일

『연산군일기』를 보면 무오사화와 갑자사화뿐만 아니라 어처구니없는 이유로 많은 사람이 목숨을 잃었다. 연산군에게 절약을 강조했다는 이유로 "감히 왕인 나에게 그런 말을 하다니! 나는 내 마음대로 살 거야" 하면서 부관참시했다는 기록도 나오고, "시를 한 수 지어서 올려라"라고 했는데 감흥이 올라서 두 수를 지어 올렸다고 참수를 당한다.

성종이 승하했을 때 정성근이라는 인물이 3년간 소식을 했는데, 연산군은 정성근이 선왕을 생각하는 충성스러운 마음에 소식을 한 것이 아니라, 간사한 생각과 거짓된 충성, 아첨하는 마음으로 소식을 했다고 몰아가 처형한 일도 있었다. 신하들의 목숨은 한낱 파리 목숨과 같았다.

연산군의 폭정은 잔인하게 신하들을 죽이는 데 그치지 않았다. 나라의 재정은 생각하지 않고 사치를 즐겼고 노는 것을 좋아해 전국에서 얼굴이 예쁘고 노래 잘하는 기생들을 뽑아 궁궐에 들였다. 전국에서 모아온 가무 기생

을 운평運平, 궁중에서 악기를 연주하던 기생을 광희廣熙, 운평 중에서 승진한 기생을 가흥청假興淸, 그중에서 궁궐로 들어온 기생을 흥청興淸이라고 했다. 연산군을 흥청을 뽑기 위해 국고를 탕진했고 심지어 흥청의 가족에게도 돈을 주고 세금까지 면제해 준다.

자기 관리를 잘하지 않는 흥청은 벌을 받기도 했는데, "곱게 단장하지 않는 흥청은 의금부에 가두도록 해라"는 지시를 내렸다. 그러니 흥청은 매일 곱게 단장하고 경회루에서 연회를 할 때마다 가무를 보여주며 연산군의 비위를 맞춰야 했다. 자신의 미래도 알지 못하고 흥청을 뽑아 향락을 즐겼던 연산군을 조롱하기 위해 나온 말이 흥청망청이다.

> "전교하기를 '흥청악은 3백 명, 운평악은 7백 명을 정원으로 하고, 광희도 또한 증원하라' 하였다."
>
> 『연산군일기』 56권, 연산 10년(1504년) 12월 24일

『연산군 일기』에 따르면, 당시 흥청악興淸樂은 300명, 운평악運平樂은 700명을 정원으로 했고 광희도 계속 증원했

다. 또한 흥청, 운평, 광희 중에서 재주와 기량이 있는 사람을 날마다 뽑아서 한 달 안에 한 차례 제대로 하지 못하는 자는 곤장을 때리라고 했다. 그러니까 연산군은 자신이 잘 놀 수 있도록 흥청과 운평, 광희의 실력을 키우고 인원을 채우라고 한 것이다. 연산군은 이들을 모아 경회루 연못에 배를 띄우고 밤에도 불을 켜고 잔치를 즐겼다. 또한 희귀품에도 관심이 많아 중국에 가는 사신에게 "사탕을 사오게" "흰고래 수염을 사오게" "코끼리 상아를 사오게"라면서 희귀품이나 특별한 수집품까지 모았다.

> "또 임진강가 툭 내민 석벽 위에 별관을 지어 유행遊幸하는 장소를 만들었는데, 굽이진 원院과 빙 두른 방房이 강물을 내려다보아 극히 사치스럽고 교묘하다. 또 이궁을 장의사동藏義寺洞과 소격서동昭格署洞에 짓게 하여 바야흐로 재목을 모아 역사를 하는데, 모든 역사를 감독하는 벼슬아치들이 독촉하기를 가혹하고 급하게 하여 때리는 매가 삼단과 같으며, 조금만 일정에 미치지 못하면 반드시 물건을 징수하므로, 원망과 신음이 길에 잇달았다."
>
> 『연산군일기』 61권, 연산 12년(1506년) 9월 2일

"전교하기를 '광희가 입는 처용의處容衣를 운평에게 입혀서 창덕궁昌德宮으로 들어오게 하라' 하였다. 왕이 술에 취하면 기꺼이 처용의를 입고서 처용무를 추며, 또한 스스로 노래하기도 하였다."

『연산군일기』 57권, 연산 11년(1505년) 4월 7일

 임금의 사냥터를 확보하기 위해 여러 지역에 금표를 세워 백성들을 쫓아내고 그곳을 지나가지도 못하게 했으며 임진강 석벽에 사치스러운 별관을 짓거나 화려한 이궁離宮을 건설하는 등 다방면에서 백성의 고혈을 빨아들이고 폭정을 휘둘렀다. 백성들의 고통은 무시한 채 연산군은 술에 취하면 처용의를 입고서 자신만의 세상에 빠져 처용무를 추며 노래하기도 했다.

연산군의 비선 실세, 장녹수

"성품이 영리하여 사람의 뜻을 잘 맞추었는데, 처음에는 집이 매우 가난하여 몸을 팔아서 생활했으므로 시

집을 여러 번 갔다. 그러다가 대군大君 가노家奴의 아내가 되어서 아들 하나를 낳은 뒤 노래와 춤을 배워서 창기娼妓가 되었는데, 노래를 잘해서 입술을 움직이지 않아도 소리가 맑아서 들을 만하였으며, 나이는 30여 세였는데도 얼굴은 16세의 아이와 같았다. 왕이 듣고 기뻐하여 드디어 궁중으로 맞아들였는데, 이로부터 총애함이 날로 융성하여 말하는 것은 모두 좇았고, 숙원淑媛으로 봉했다."

『연산군일기』 47권, 연산 8년(1502년) 11월 25일

연산군 하면, 자연스럽게 떠오르는 인물이 한 명 있다. 연산군을 치마폭에 담고 권세를 누리던 후궁 장녹수張綠水다. 『연산군일기』에 따르면 장녹수는 이미 예종의 첫째 아들인 제안대군齊安大君의 노비와 결혼해 아이도 있는 유부녀였으며 몸을 파는 기생이기도 했다. 나이는 서른 살이 넘었는데 열여섯 살로 보일 정도로 동안이었다고 한다. 하지만 '얼굴은 중간 이하였다.'는 기록에서 보이듯, 우리가 상상하는 만큼 엄청난 미인은 아니었다고 전해진다.

어쨌든 연산군은 기생이었던 장녹수를 후궁으로 들여 숙원으로 봉하였는데, 장녹수는 보통의 후궁과는 달랐다. 장녹수는 연산군을 마치 어린아이처럼 대하고 노예처럼 부리기도 했다. 요즘 표현으로 말하면 능수능란하게 밀당을 했고, 외모보다는 노래로 연산군의 마음을 사로잡았다. 연산군의 총애가 장녹수에게 향하니, 장녹수의 위세가 하늘을 치솟았고 장녹수의 치마를 잘못 밟은 기생은 바로 참형에 처해질 정도였다. 온갖 간신이 장녹수 주위에 모여들었고 온갖 비리의 온상이 될 수밖에 없었다.

하지만 폭정을 일삼았던 폭군 연산군도 의외의 면이 몇 가지 있었다. 연산군은 공부는 좋아하지는 않았지만 직접 시를 짓고 대신들에게 시를 지어오라 명령하기도 했다. 시를 짓는 것도 좋아했는데, 자신의 폭정으로 많은 사람이 생명을 잃어가는 와중에도 느긋하게 시를 지었다는 것이 지금 보기에는 무척 아이러니하다. 연산군 폐위 후 시집은 거의 불탔고 120여 편 정도가 남아 있다.

"푸른 잎 선연하여 맑은 이슬 맺히고

붉은 석류알 번들번들 맑은 바람에 흔들리네.
한가로이 하늘의 조화 구경하다가
가을 기운 찾아와서 술을 깨워주는구나."

연산 10년 5월 1일 갑자사화 와중에

"귀뚜라미는 찬 새벽에 울어 추위를 더하고
기러기는 맑은 밤에 울어 시름만 일으키누나.
높은 대 위의 맑은 달빛이 가장 좋나니
내 몸이 달 속의 광한루에 있는 듯하네."

연산 11년 7월 5일 절대 권력을 구축하고

연산군의 사랑을 받았던 장녹수는 미인이 아니었다고 기록되어 있는데, 반면 연산군은 지금 우리가 흔히 말하는 꽃미남이었다고 전해진다.

"주상께서는 몸을 굽혀 예하는데, 허리와 몸이 매우 가늘어 그다지 웅장하고 위대하지 못하더라."

『연산군일기』 52권, 연산 10년(1504년) 2월 7일

"얼굴이 희고 마른 체구에 키가 큰 인물, 눈에는 붉은빛이 돌았다."

이덕형 李德泂 문집 『죽창한화 竹窓閑話』

  기록에 따르면, 연산군은 체격이 크지는 않지만 얼굴이 희고 눈에 붉은빛이 도는 미남으로 추정된다. 연산군의 할머니인 인수대비는 당대 최고의 꽃미남이었던 한확의 딸로 상당히 외모가 뛰어났다고 한다. 한확의 누나와 여동생은 명나라 황제의 총애를 받았던 후궁이었으니 한확 집안 사람들은 모두 미남미녀였다고 추측할 수 있다. 성종 또한 호남형의 잘생긴 얼굴이었다고 하니 연산군도 그 외모를 물려받았을 가능성이 크다. 하지만 어린 시절부터 얼굴에 진물이 나는 등 종기로 고생했다는 기록이 있어 피부는 좋지 않았으리라 짐작된다.

4

폭군을 물러나게 한 중종반정과 유배

"조선은 왕의 나라다. 조선의 백성 모두가 왕의 신하요, 조선 땅의 풀 한 포기까지도 모두 내 것이다. 조선의 모든 것이 본시 내 것인데 너희가 내 것을 빼앗아 간 것이 아니더냐? 이제 다시 내가 찾아오려 하는데 무엇이 문제인가?"

『연산군일기』, 연산 12년(1506년) 8월

연산군의 폭정과 사치는 점점 극한으로 치닫고 백성들의 삶 또한 고난에서 벗어날 수 없었다. 살기 좋은 지역은 모두 사냥터로 삼아 금표를 지정해서 백성들이 지나가지도 못하게 하고, 농사지을 땅조차 줄어들고, 화려한 별장을 건설하고 사치품을 사기 위해 세금은 늘어나고, 얼굴이 어여쁜 처녀는 강제로 흥청으로 데려가 버리니 백성들의 삶은 고달프고도 처절할 수밖에 없었다.

바른말을 했다가 목숨을 잃은 김처선

"전교하기를 '동서반東西班의 대소인원大小人員 및 군사 중에 김처선과 이름이 같은 자가 있거든 모두 고치게 하라' 하였다."

『연산군일기』 58권, 연산 11년(1505년) 6월 16일

"전교하기를 '처處자는 곧 죄인 김처선의 이름이니, 이제부터 모든 문서에 처자를 쓰지 말라' 하였다."

『연산군일기』 58권, 연산 11년(1505년) 7월 19일

사치와 향락을 즐기느라 백성들의 삶은 아랑곳하지 않았던 연산군 아래에서 모두가 숨죽이고 있었던 것만은 아니다. 연산군의 폭정에 한마디만 해도 목숨을 잃으니 다들 간언하지 못할 때 연산군에게 직접 비판하는 인물이 나타나기도 했다. 바로 문종 때부터 왕을 모셨던 환관 김처선金處善이다.

김처선은 죽음을 각오하고 연산군 앞에 나아가 "이 늙은 신臣은 4대 임금을 섬겨 대략 서사書史에는 통하나, 고금의 군왕으로 이토록 문란한 군왕은 없었소이다"라고 직언한다. 그 말을 들은 연산군은 활을 쏴서 김처선을 죽여버리고 혀와 다리를 자른 뒤 김처선 부모의 무덤까지 헐어버린다. 심지어 김처선의 이름도 보기 싫다며 앞으로는 '처'를 쓰지 말라고 명령한다. 그래서 24절기 중에 처서라는 절기를 조서라 바꿔 부르고, 처용무處容舞 또한 풍두무豊頭舞로 이름을 바꿔버리는 등 어처구니 없는 일이 일어난다. 어떤 사람은 과거시험에 '처'를 썼다는 이유로 낙제하기도 한다.

하지만 쥐도 극한에 처하면 고양이를 물고, 지렁이도 밟으면 꿈틀거린다. 연산군의 잔인한 폭정에 신하들도 도

저히 참지 못하는 상황에 이르렀고, 언제든 자신들의 자리와 생명까지 위태로울 수 있다는 생각에 연산군을 몰아내고자 하는 계획이 전개된다.

> "탄식하기를 '인생은 초로와 같아서 만날 때가 많지 않은 것' 하며 읊기를 마치자 두어 줄 눈물을 흘렸는데, 여러 계집은 몰래 서로 비웃었고 유독 전비田非와 장녹수 두 계집은 슬피 흐느끼며 눈물을 머금으니, 왕이 그들의 등을 어루만지며 이르기를 '지금 태평한지 오래이니 어찌 불의에 변이 있겠느냐마는, 만약 변고가 있게 되면 너희들은 반드시 면하지 못하리라' 하며, 각각 물건을 하사하였다."
>
> 『연산군일기』 63권, 연산 12년(1506년) 8월 23일

연산군 또한 그 분위기를 감지했는지 상당히 불안한 모습을 보인다. 누군가가 자신을 해치려고 한다면서 수풀에 숨기도 하고 중종반정 일주일 전 연회 때는 "인생은 풀잎에 맺힌 이슬과 같아 만날 때가 많지 않은 것"이라며 자신의 결말을 예감하기도 했다. 이 말을 듣고 장녹수와

숙용 전씨가 눈물을 흘렸다는 기록을 보면, 이들은 연산군의 마음에 공감했거나 이미 주위를 둘러싼 위기를 알아차린 것은 아닐까 싶다.

연산군의 예감은 틀리지 않았다. 1506년 9월 2일, 중종반정이 일어나며 연산군은 왕의 자리에 쫓겨난다. 결과적으로 연산군은 조선 최초로 반정에 의해 쫓겨난 왕으로 기록된다.

진성대군, 반정을 일으키다

중종반정이 일어난 결정적인 계기는 당연히 연산군의 폭정이다. 연산군의 폭정에 위협을 느낀 신하들 여러 무리가 반정을 계획하는데, 박원종, 성희안, 유자광을 주축으로 진성대군晉城大君을 내세운 반정 세력이 가장 먼저 성공한다. 박원종을 위시한 이 반정 세력에는 개인적인 원한도 있었다. 박원종 누이는 덕종의 아들이자 성종의 형인 월산대군月山大君의 부인, 그러니까 연산군의 큰어머니로 월산대군이 죽고 홀로 있을 때 연산군에게 수모를 당했다. 성희안은 이조참판, 요즘으로 치면 차관급 공무원으로 일했는데 연산군 때 9급 공무원인 부사용으로 좌천된다. 이런 불만이 신하들을 결집시켰고, 이들이 내세운 다음 왕은 연산군의 띠동갑 이복동생 진성대군이었다. 진성대군은 성종의 세 번째 왕비인 정현왕후의 아들로 신하들이 생각하기에 가장 정통성을 가진 이였기 때문이다.

> "지금 위에서 임금의 도리를 잃어 정령이 혼란하고, 민생은 도탄에서 고생하며, 종사는 위태롭기가 철류와 같으므로, 신 등은 자나 깨나 근심이 되어 어찌할 줄을 모르겠습니다. 진성대군은 대소 신민臣民의 촉망을 받은 지 이미 오래이므로, 이제 추대하여 종사의 계책을 삼고자 감히 대비의 분부를 여쭙니다."
>
> 『중종실록』 1권, 중종 1년(1506년) 9월 2일

『중종실록』을 보면 진성대군은 이미 백성들에게 신뢰를 받고 있으니 명분이 확실했고 더욱더 명분을 확보하기 위해 왕실의 최고 어르신인 정현왕후, 즉 자순왕대비慈順王大妃의 허락을 받아 반정을 일으킨다. 마침내 1506년 9월

2일을 거사일로 정하고 연산군이 있는 창덕궁을 공격한다. 이때 연산군에게는 곁을 지키는 신하도 없었고 환관도 없었다. 연산군은 12년 동안 지켰던 임금의 자리에서 하루아침에 쫓겨나 강화도 근처 교동도로 유배를 간다. 지금도 교동도에 가면 '연산군유배지'라는 표지석이 남아 있으며 연산군이 위리안치했던 모습을 재현해 놓았다.

"충성은 사모요

거동은 교동일세.

일만 흥청 어디 두고

석양 하늘 끝 뉘 따라가는고.

두어라, 예 또한 각시집이니

날 새우기 무방하고 조용도 하네."

『연산군일기』 63권, 연산 12년(1506년) 9월 2일

당시 백성들이 연산군을 조롱하며 지은 시다. 연산군은 신하들에게 충성사모를 쓰게 했지만 그 또한 사모詐謀, 즉 거짓이고 왕의 행차인 거동도 유배지인 교동이라 표현한다. 연산군은 유배지에서 가시나무 울타리에 갇히는데

가시나무를 여성을 뜻하는 각시로 비꼬았다. 연산군이 가시나무 울타리 안에 갇힌 것을 흥청을 좋아했던 연산군을 비꼬아 각시집으로 묘사한 것이다.

"대개 사모紗帽와 사모詐謀, 거동擧動과 교동은 음이 가깝고, 방언에 각시婦와 가시荊棘는 말이 서로 유사하기에 뜻을 빌어 노래한 것이다(『연산군일기』63권, 연산 12년(1506년) 9월 2일)"라며 해설까지 해두었다.

> "교동 수직장 김양필, 군관 구세장이 와서 아뢰기를, '초 6일에 연산군이 역질로 인하여 죽었습니다. 죽을 때 다른 말은 없었고 다만 신씨를 보고 싶다 하였습니다' 하였다."
>
> 『중종실록』1권, 중종 1년(1506년) 11월 8일

연산군은 유배를 떠난 지 두 달 만에 역질로 죽었다고 기록되어 있다. 마음껏 사치와 향락을 누리다가 가시나무 울타리 안에 유배되니 그 화를 참지 못하고 사망한 것으로 추측한다. 연산군은 죽을 때 왕비였던 신씨를 그리워했고 연산군의 무덤 또한 신씨의 거처였던 양주 해천, 지금의 서울 도봉구 방학동에 있다.

연산군의 뒤를 이어 왕위에 오른 중종은 연산군의 독재와 패륜이 성리학의 이념을 제대로 지키지 못했기 때문이라 보고, 성리학 이념이 전국에 확산되는 것을 최우선 과제로 삼았다. 성리학에 입각한 도덕정치, 왕도정치의 실현을 목표로 삼고 왕부터 모범적으로 성리학을 공부했다. 연산군 때 폐지되었던 경연을 부활시키고 경연에도 모범적으로 참여했다. 『소학小學』이나 『근사록近思錄』 등 성리학 이념을 담은 교재들이 널리 보급되기도 했다. 연산군 시대 독재정치와의 차별화, 이것은 연산군을 몰아내고 반정으로 왕위에 오른 중종이 숙명적으로 추진해야 할 과제였던 것이다.

2부

성군인가 폭군인가, 두 얼굴의 왕 광해

광해군은 파란만장한 삶을 살았다.
임진왜란 때는 분조 활동을 하면서 무능력한 왕인
선조를 대신해 리더십을 발휘했고, 왕의 자리에 오른 후에는
대동법 같은 경제 개혁 정책, 그리고 『동의보감』 등
각종 편찬 사업을 진행했다. 특히 외교 부문에서도
중립 외교를 펼치며 전쟁을 피할 수 있었지만
정통성 시비를 없애기 위해 어린 동생 영창대군을 죽이고,
계모를 폐위시키고, 철저하게 측근 세력인 대북만을 끌어안았다.
왕위에 대한 집착에 빠져 풍수지리사의 말만 듣고
무리하게 궁궐을 짓고 민생을 외면했다.
이러한 광해군의 폭정은 결국 부메랑이 되어 돌아왔다.
반대 세력이 결집되었고, 광해군은 연산군에 이어
두 번째로 탄핵을 당한 왕이 되었다.

1

떡잎부터 남달랐던 광해군

 우리에게 광해군光海君은 여러 드라마와 영화 덕분에 좋은 이미지가 많이 남아있다. 그래서인지 왜 탄핵을 당했는지 의문을 가지는 이들도 많다. 하지만 『조선왕조실록』에서는 연산군과 광해군을 혼군이라고 표현했다. 혼군이란 '사리에 어둡고 어리석은 군주'라는 뜻으로 조선에서는 최악의 군주를 뜻한다. 광해군 입장에서는 폭정과 사치를 일삼았던 연산군과 같은 취급을 받는 게 억울할 수도 있지만 광해군이 폐위를 당한 데는 이유가 있었다. 광해군은 경희궁, 경덕궁을 무리하게 건설하며 임진왜란 이후에 피폐한 삶을 사는 백성들의 고혈을 짜냈고 김개시라는 비선 실세를 뒤에 두고 부패한 정치 권력을 제대로 단속하지도 못했다. 그럼, 『조선왕조실록』을 바탕으로 광해는 어떤 왕이었는지, 왜 조선에서 두 번째로 탄핵을 당한 왕이 되었는지, 왜 광해군을 혼군이라고 부르는지, 그의 궤적을 따라가 보자.

선조와 공빈 김씨의 둘째 아들 광해군

광해군은 1575년 선조와 공빈恭嬪 김씨 사이에서 태어났다. 조선의 14대 왕 선조는 조선 최초의 방계 출신 왕으로 할아버지가 중종, 할머니가 중종의 후궁인 창빈昌嬪 안씨였다. 명종이 젊은 나이에 후사 없이 세상을 떠나자 명종의 비 인순왕후仁順王后의 명으로 왕이 되었는데, 선조가 수많은 방계 출신 중에서 왕위에 오를 수 있었던 것은 요즘 표현으로 하면 면접을 잘 봤기 때문이라는 일화가 있다.

"명종은 여러 왕손 가운데서 자신의 후계자를 찾고 있었다. 하루는 왕손들을 교육하다가 '너희들의 머리가 큰가 작은가 알아보려고 하니 익선관을 써보아라' 하였다. 다른 왕손들과 달리 하성군(선조)은 제일 어린 나이였는데 두 손으로 익선관을 받들고는 쓰지 않고 어전에 도로 갖다 놓고 '이것이 어찌 보통 사람이 쓸 수 있는 것이겠습니까?'라 하였다."

『연려실기술』

명종에게는 순회세자順懷世子라는 적장자가 있었으나 열세 살의 어린 나이에 세상을 떠나고 말았다. 다른 아들이 없었던 명종은 왕실의 왕자 중에서 세자가 될 후계자를 물색해야 했다. 하루는 왕자들을 불러 모아 왕이 쓰는 익선관을 보여주면서 "머리가 얼마나 컸는지 알아보고 싶으니 익선관을 써보아라"라고 명한다. 다른 왕자들은 아무 생각 없이 익선관을 써보는데 가장 나이가 어렸던 하성군河城君만이 익선관을 쓰지 않는다. 명종이 왜 익선관을 쓰지 않는지 물어보니 "이것이 어찌 보통 사람이 쓸 수 있는 것이겠습니까?"라며 왕의 것을 감히 쓸 수 없다고 말한다. 이 모습을 기특하게 여긴 명종은 하성군을 후계자로 점찍는다.

선조는 자신이 그렇게 왕이 되어서인지 아들들에게도 면접을 치렀다는 일화가 전해진다. 선조가 아들들을 모아놓고 "너희들은 반찬 중에 제일 최고로 삼는 것은 무엇이냐?"라고 물어보았는데, 광해군은 "소금입니다. 소금이 아니면 온갖 맛을 이루지 못하기 때문입니다"라고 대답한다.

또 선조가 보물을 진열해 놓고 왕자들에게 "너희들이 갖고 싶은 걸 다 가져보거라"라고 말하니 다른 왕자들은 앞다투어 금과 은을 가지려고 했는데, 광해군은 붓과 먹을 가져간다. 그 모습을 본 선조는 왕자 중에 광해군이 가장 생각이 깊고 명석하다고 판단해 세자로 책봉했다는 일화다.

사실 광해군이 이렇게 눈치가 빠르고 명석한 데는 이유가 있었다. 광해군은 선조의 후궁인 공빈 김씨의 둘째 아들로, 선조의 첫 번째 왕비 의인왕후懿仁王后 박씨가 자식을 낳지 못하는 상황에 공빈 김씨가 첫째 아들 임해군臨海君을 낳고 둘째 아들 광해군을 낳았다. 광해군을 낳은

지 2년 만에 공빈 김씨가 세상을 떠나고 선조는 또 다른 후궁인 인빈仁嬪 김씨를 총애해 신성군信城君을 낳았고 신성군을 많이 아꼈다고 한다.

이렇듯 선조에게는 비슷한 나이의 세 명의 세자 후보가 있었다. 물론 더 어린 나이의 왕자들도 있었지만 주로 이 세 명이 세자 후보로 거론되었다. 첫째 아들 임해군, 둘째 아들 광해군, 총애하는 후궁의 아들 신성군 중에서 광해군은 처음에는 크게 관심을 받지도 못했지만 그 명석함 덕분에 세자로 거론되었다.

조선의 왕은 조정 대신의 충성심을 확인하기 위해서 왕의 자리에서 물러나겠다는 말을 곧잘 하곤 했는데 선조는 그중에서도 가장 자주 왕의 자리에서 물러나겠다고 말했다. 왕의 자리에 확신이 없기 때문인지, 그런 말을 할 때마다 대신들이 벌떼같이 일어나서 "통촉하여주시옵소서. 아니 되옵니다. 왕의 자리를 지켜주시옵소서"라고 대답하기를 기대하는 것이다.

1591년에는 영의정 이산해李山海, 「관동별곡關東別曲」으로 유명한 좌의정 정철鄭澈, 우의정 유성룡柳成龍이 선조가 왕의 자리에서 물러나겠다고 하면 솔직하게 "그럼 왕위에서 물러나시고 세자에게 왕위를 물려주십시오"라고 말하자고 결의를 다진다. 사실 무척 위험한 발언이었다. 당일이 되자 이산해가 몸이 좋지 않다고 해 정철과 유성룡만이 선조와 마주한다. 아니나 다를까 그날도 선조가 "요즘 몸도 안 좋고 하니 왕위에서 물러나야겠소"라고 하자 정철이 "그럼 광해군에게 세자 책봉을 명하시는 것이 어떨까 합니다"라고 발언한다. 이 말에 노한 선조는 정철을 파직시키고 유배까지 보내버린다. 옆에 있던 유성룡은 아무 말도 하지 않고 가만히 있어서 화를 피하지만 정철 입장에서는 억울한 파직이 아닐까. 이렇게 광해군은 세자가 될 기회를 또다시 놓쳐버린다.

임진왜란으로 세자 자리에 오른 광해군

하지만 1년 후인 1592년 임진왜란이 발발하며 광해군은 세자가 될 결정적인 기회를 맞이한다. 파죽지세로 한양을 향해 진격하는 일본군 때문에 위기 상황이 닥치니 선조 입장에서는 만약 자신에게 화가 닥치면 조선 왕실이 끊어지고 말기에 열여덟 살의 광해군을 세자로 책봉한다. 선조는 방계 콤플렉스가 있어서 적자 출신의 왕자를 세자로 삼고 싶었지만 후궁에게 태어난 왕자들밖에 없었고 아끼던 신성군이 사망했기에 울며 겨자 먹기로 광해군의 세자 책봉을 결정한다. 광해군의 형인 임해군은 품성이 좋지 않고 워낙 왕자 시절부터 사고를 많이 쳐서 세자 후보조차 되지 못했다.

선조는 왜군의 침략에 한양을 사수할 수 없다고 판단하고 여차하면 중국으로 도망갈 생각으로 의주로 향한다. 그러면서 선조가 있는 곳을 대조大朝, 광해군이 있는 곳을 소조小朝로 칭하며 조정을 둘로 나눈 분조分朝를 행한다.

> "경복궁 앞을 지나갈 무렵 양쪽에서는 백성들의 통곡 소리가 요란했다."
>
> 유성룡 『징비록懲毖錄』

대조를 맡은 선조는 백성들의 통곡 소리도 뒤로하고 한양을 버리고 의주로 향했지만 분조를 맡긴 광해군에게는 일본군이 진격해 오는 통로인 강원도 이천으로 가라고 명한다. 광해군은 20일 동안 노숙을 할 정도로 고생하며 의병을 모았고 적극적으로 항전 활동을 펼치며 백성들에게 신망을 얻었다. 비록 왕은 백성을 버리고 도망쳤지만 세자 전하가 우리 옆에 있다는 생각에 백성들이 안심할 수 있었다.

"동궁께서 오셨다는 소식을 듣고 민심이 기뻐하며 마치 다시 살아난 것 같았습니다. 도망쳤던 수령들도 관직으로 돌아오고 호령 역시 행해져 회복할 가망이 보입니다."

"경기도의 의병들이 곳곳에서 봉기해 서로 앞을 다투어 적을 잡아서 적세가 조금씩 꺾이고 있습니다."

정탁 「피난행록」

당시 광해군의 분조 활동은 조선 중기 문신 정탁鄭琢이 쓴 「피난행록避亂行錄」에 남아 있다. 동궁이 왔다는 소식을 듣고 도망쳤던 수령들도 돌아오고 의병이 곳곳에서 봉기해 적세가 꺾이고 있다는 희망이 전해진다. 젊은 왕자가 백성들과 함께 싸우는 모습은 무척 감동적이었고 임진왜란이 끝나고 나면 백성들의 절대적인 지지로 광해군이 당당하게 왕위에 오를 것만 같았다.

그러나 임진왜란이 끝난 뒤에도 선조는 광해군을 탐탁지 않게 여겼다. 도망쳤던 자신보다 인기가 많은 것도 마음에 들지 않았고, 적자가 아닌 것도 여전히 마음에 들지 않았다.

임진왜란에서 공을 세운 사람들에게 표창할 때도 이순신과 같이 전쟁에 직접 참여한 이들은 선무공신宣武功臣으로 18명을 임명하는 데 그쳤고, 선조와 함께 의주로 피난 간 사람들은 호성공신扈聖功臣으로 무려 86명이나 임명한다. 전쟁에서 열심히 싸웠던 사람들에 대한 대우가 인색했을 뿐만 아니라 곽재우나 배홍립 등 왜군 정벌에 큰 공을 세운 장군들도 모두 공신에서 빠졌다.

전쟁의 과정과 전쟁의 마무리 또한 이렇다 보니 민심은 광해군에게로 더욱 집중되었고, 조정에서도 광해군을 정식으로 세자로 삼아야 한다고 상소를 올렸으나 선조는 열아홉 번의 선위 파동을 일으키며 질투의 모습만을 드러낸다. 선조가 선위를 말할 때마다 광해군은 곡기를 끊고 석고대죄를 하며 선위를 말려야 했으니 그 스트레스도 심했을 것이다.

하지만 광해군을 세자로 바로 책봉할 수 없는 이유가 하나 더 있었다. 조선에서 정식으로 세자가 되기 위해서는 명나라에서 인정을 받아야 했는데, 광해군은 적자도 아니었고 첫째 아들도 아니었다. 형인 임해군이 있었기 때문이다. 하지만 임해군은 천하의 난봉꾼이라 애초부터 세자 후보에서 탈락했지만 명나라에서는 이를 핑계로 광해군의 세자 책봉을 반대했다. 이는 명나라 내부의 상황과 맞물린 것으로 명나라 만력제는 장자가 아닌 3남을 태자로 책봉하고 싶어 했고 그를 미리 만류하기 위해 명나라 대신들이 조선을 빌미로 삼은 것이다.

선조가 고대하던 적장자의 탄생과 위기에 빠진 광해군

선조가 광해군의 세자 책봉에 미온적인 상황에 의인왕후가 세상을 떠난다. 당시 기록을 보면 선조는 자신의 재혼보다 광해군의 세자 책봉을 서두르는 대신들에게 "아니, 나라의 국모 자리가 비었는데 왜 자꾸 광해군을 세자로 책봉하라고만 하는가?"라며 불만을 표시한다.

그리고 의인왕후의 삼년상이 끝난 1602년 선조는 바로 인목왕후仁穆王后와 결혼한다. 선조의 나이 51세, 인목왕후의 나이는 19세로 광해군보다 아홉 살이나 어렸다. 만약 인목왕후에게 아들이 태어나면 선조에게는 적자가 탄생하는 셈인데, 드디어 1606년 영창대군永昌大君이 태어난다. 적자가 태어나니 선조는 영창대군에게 푹 빠져 원래도 마음에 들지 않았던 광해군을 더 구박하게 된다. 선조의 애정이 너무나 편파적이라 궁녀들까지 광해군을 무시할 정도였다고 전해진다.

적자의 탄생으로 조정 대신들도 광해군을 지지하는 세력과 영창대군을 지지하는 세력으로 나뉜다. 당시 조정의 판도를 살펴보면, 1572년 인사권을 둘러싸고 동인東人과 서인西人으로 조정이 나뉘어져 있었다. 동인의 핵심 인물인 김효원金孝元의 집이 서울 동쪽에 있어서 김효원을 지지하는 세력들을 동인, 서인의 핵심 인물인 심의겸沈義謙의 집이 서울 서쪽에 있어서 심의겸을 지지하는 세력들을 서인이라 불렀다.

1589년 정여립의 난을 계기로 동인이 남인南人과 북인北人으로 나뉘었고, 임진왜란 이후 의병 활동을 열심히 했던 북인이 권력의 중심에 서게 되었다. 영창대군이 태어남과 동시에 영창대군을 지지하는 세력은 소북小北, 광해군을 지지하는 세력은 대북大北으로 나뉘었다.

특히 선조가 영창대군을 지지하는 대표적인 인물 유영경을 영의정으로 지목함으로써 선조의 마음이 영창대군에게 있다는 걸 보여줬고, 의리로 끝까지 광해군을 지지한 대북의 수장 정인홍은 편파적인 등용을 비판하는 상소를 올렸다가 유배길에 오른다.

이제 영창대군으로 세자가 바뀌는 것은 시간문제로 보였지만 1608년 2월에 갑작스럽게 선조가 세상을 떠난다. 아마 선조가 5년만 더 살았어도 영창대군이 후계자가 되었겠지만, 이때 영창대군은 겨우 세 살이었기에 세자를 바꿀 수는 없는 상황이었다.

2

개혁 군주 광해의 업적

 드디어 16년 동안의 불안한 세자 자리에서 벗어나 1608년에 광해군이 조선의 15대 왕위에 오른다. 오랜 기간 기다린 만큼 광해군은 즉위 초반에 상당한 성과를 낸다. 왕위에 오르고 가장 먼저 한 일은 전란의 상처를 회복하고 민심을 돌리기 위한 대동법大同法이었다. 기존에 있었던 공물 제도는 백성들이 지방의 특산물을 세금으로 바쳐야 했는데, 특산물이 생산되지 않는데도 세금을 내야

했고 명확한 기준이 없어 혼란스러웠다.

예를 들어, 영덕대게를 바치라고 하는데 대게가 생산이 안 될 때도 있고 영광굴비를 가져오라고 하는데 굴비가 생산이 안 될 때도 있으니 더 비싸게 구입해서 바쳐야 할 때도 있고 구입할 수조차 없는 등 기준이 일정하지 않았다. 그래서 공물을 대납하고 이익을 얻는 방납인까지 등장했다. 방납인은 백성들 대신 특산물을 납부해 주고 두 배, 세 배의 폭리를 취했다.

대동법의 실시

대동법은 달랐다. 대동법은 백성들이 각자 소유하고 있는 토지에 따라 쌀을 세금으로 납부하게 했다. 땅이 많은 사람은 더 많은 세금을 내고 땅이 적은 사람은 세금을 적게 내니 공물보다 기준이 정확하고 통일되어 있었다.

대동법은 영의정 이원익李元翼을 중심으로 실시했는데, 이원익은 남인 출신으로 광해군 때 영의정을 지내고 인조 때에도 영의정을 지낸 능력 있는 인물이다. 이원익은 선조 때 이미 대동법 실시를 건의했으나 불발되고 광해군 때 드디어 대동법을 실시하며 불합리한 조세 제도를 시정해 나갔다. 광해군은 실무 능력을 갖춘 인물을 대거 등용해 이원익뿐만 아니라 오성과 한음 설화로 유명한 이항복李恒福과 이덕형李德馨 등도 광해군 아래에서 능력을 발휘하기도 했다.

광해군은 출판과 문화 복구 사업에도 상당한 노력을 기울여서 우리나라의 지리와 풍속을 기록한 『동국여지승람東國輿地勝覽』, 조선 통치의 기준이 되는 법전 『경국대전經國大典』, 충신, 효자, 열녀의 행적을 기록한 『삼강행실도三綱行實圖』의 속편이 되는 『동국신속삼강행실도東國新續三綱行實圖』 등을 복구하고 편찬했다. 특히 『동국신속삼강행실도』는 본문에 그림을 그려 글을 모르는 백성들도 읽을 수 있도록 했다. 이전까지는 주로 중국의 충신, 효자, 열녀의 행적이 많았는데 속편에는 '동국'이라는 이름을 붙여 우리나라 충신, 열녀의 행적을 함께 기록했다.

과학과 의학, 국방 분야 또한 활발한 발전을 보였다. '의궤儀軌'란 조선 왕실의 중요한 행사를 그림과 함께 기록한 것으로 과학 기구를 보관하는 건물을 그린 『흠경각영건

의궤欽敬閣營建儀軌』, 본격적으로 무기 제작에 힘쓰며 그 상황을 그린 『화기도감의궤火器都監儀軌』를 편찬한다. 과학이나 국방에 대한 의궤는 광해군 때 유일하게 편찬되었다는 점에서 광해군의 국정 방향을 보여준다는 의미가 있다.

광해군 때의 가장 대표적인 저작은 『동의보감東醫寶鑑』이다. 우리에게는 드라마나 광고로 유명한 『동의보감』은 조선뿐만 아니라 일본, 중국의 여러 가지 의학 체계까지 보완해서 정리한 책이다. 1610년 광해군 때 완성된 후 1613년에 출간했다. 『동의보감』을 쓴 의학자 허준許浚은 선조와 광해군 때 어의로 일했는데, 광해군이 왕자였을 때 천연두를 고쳐준 것을 계기로 인연을 맺었다.

원래 『동의보감』 프로젝트는 선조 때 시작되었지만 정유재란으로 보류 중이었다가 광해군이 다시 허준을 불러 저술을 명하며 재개되었다. 원래 어의는 왕이 승하하면 무조건 유배를 떠나야 했다. 하지만 광해군은 허준의 능력을 높이 평가해 허준의 유배 기간을 최대한 짧게 잡고 바로 『동의보감』의 편찬을 맡기는 등 믿음을 보여준다. 인물의 능력을 파악하고 이용할 줄 알았던 광해군의 면모를 엿볼 수 있는 예다.

중립 외교로 전쟁을 피한 광해군

광해군은 외교에서도 좋은 평가를 받았다. 당시 조선은 국제 정세의 변화에 흔들리는 상황이었다. 특히 북방 정세가 급변하고 있었는데, 전통의 우방국인 명나라가 서서히 약해지고 1616년 여진족인 누르하치가 세운 신흥 강국 후금이 점차 세력을 키우고 있었다. 광해군은 임진왜란에 참전하면서 후금의 성장을 눈여겨보았다. 명나라가 얼마나 허술한 상황인지, 북방의 여진족을 어떻게 경계하면서 주시해야 하는지를 알고 있었다.

아니나 다를까 후금의 칸으로 즉위한 누르하치는 '명나라에 대한 한'을 내세우면서 명을 공격하기 시작한다. 누르하치의 한은 명나라가 누르하치의 할아버지와 아버지를 살해하고 그 후손을 만주로 내쫓고 경작과 수확을 금지한 일을 말한다. 강력한 후금의 공격을 받은 명나라는 1618년에 조선에 파병을 요청한다. 명나라는 임진왜란 때 조선에 많은 군대를 보냈기에 조선에 파병을 요청할 만한 명분이 있었다.

> "수만 병력을 일으켜 노추(청 태조)를 협공하게 되면 반드시 무찔러서 승리를 거둘 텐데 이렇게 하는 것이야말로 왕께서 본조에 보답하는 길이 되는 동시에 나라에 무궁한 복을 안겨주는 일이 될 것입니다."
>
> 『광해군일기[중초본]』 127권, 광해 10년(1618년) 윤4월 27일

광해군은 고뇌에 빠진다. 조정 신하 대부분은 "명나라가 우리를 도와주었으니 이제는 우리가 도와줘야 합니다"라고 말한다. 병력을 보내 명나라의 은혜에 보답해야 하고 어차피 명나라가 승리할 테니 이는 조선에도 복을 안겨주는 일이라 강조했다.

하지만 광해군은 신하들의 의견을 쉽게 받아들이지 못했다. 명나라에게 의리를 지키려면 파병을 해야 하지만 명나라와 한편이라는 이유로 후금의 공격을 받을 수도 있었기 때문이었다. 조선은 명나라의 파병 요청을 거부할 명분이 없어 결국 조총 부대를 중심으로 파병을 결정했고 1619년 조선군이 압록강을 넘는다. 명나라에서는 4만 명의 군대를 요청했지만 광해군은 "우리도 전란을 겪어서 물자가 부족하고, 여진족에 대비해 방어가 필요하다"

라고 핑계를 대며 1만 명 정도 군대를 파병한다.

광해군은 파병군의 총사령관으로 강홍립姜弘立을 임명했다. 강홍립은 중국어와 여진어에 능통하고 정세 파악에도 탁월한 능력자였지만 무사가 아닌 통역을 전문으로 하는 문신이었다. 하지만 광해군은 강홍립이야말로 자신의 의도를 잘 실천할 것이라 판단해 총사령관에 임명하였다. 강홍립은 광해군의 명을 수행하는 사설 첩보원과 같은 활약을 펼친다.

> "'명나라 장수의 명령을 그대로 따르지 말고 신중하게 처신해 패하지 않는 전투가 되도록 하라. 소극적으로 전투에 임하다가 항복해도 좋다.' 이때 강홍립과 김경서金景瑞 두 장수가 이미 밀지密旨의 내용대로 항복하여, 오랑캐에게 사신 가는 왕래가 끊이지 않게 되었다. 이에 중국 조정이 날로 심하게 의심하게 되고, 요동遼東과 광녕廣寧의 여러 진鎭이 모두 의심하게 되었다."
>
> 『광해군일기[중초본]』 155권, 광해 12년(1620년) 8월 13일

광해군은 강홍립에게 밀지를 내려, '패하지 않는 전투'

가 되도록 하되 너무 열심히 싸우지 말고 싸우는 시늉 정도만 하라고 명한다. 소극적으로 전투하다가 정 안 되면 항복해도 좋으니 후금에게 적대적인 모습을 보이지 말라는 것이다. 하지만 후금과 명나라에서도 조선 조정의 분위기와 광해군의 뜻을 알게 되면서 명나라 조정은 조선을 의심하게 된다.

당시 기록에 따르면, 강홍립의 부대는 전투에 참전하지만 바로 항복을 해버린다. 이 결과를 보고 중국보다는 조선 조정에서 난리가 난다. 총사령관으로 보낸 사람이 전투다운 전투도 하지 못하고 항복했으니 강홍립을 처벌해야 한다는 목소리가 컸다. 하지만 광해군은 끝까지 강홍립과 그의 가족을 지켰고 강홍립은 후금 진영에서도 계속해서 광해군에게 정보를 제공하는 역할을 한다.

당시에는 강홍립과 김경서 장군을 두고 "장수란 삼군三軍의 사명司命으로서 나라의 존망이 달려 있기 때문에 고금 천하의 법 중에 군율만큼 엄한 것은 없습니다. 그런데 강홍립, 김경서 등은 자신이 원수元帥가 되어 적지에 깊숙이 들어가서는 중국 장수와 함께 힘껏 싸워 목숨을 바치지 않고 도리어 투항을 청하여 적의 뜰에 무릎을 꿇었으니, 신하의 대의가 땅을 쓸듯이 완전히 없어졌습니다(『광해군일기[중초본]』 139권, 광해 11년 4월 8일)"라며 비판이 쏟아졌다. 이에 광해군은 "고상한 말은 국사에 보탬이 되지 않는다. 강홍립 등의 죄를 논할 때가 어찌 없겠는가. 젊은이들의 부박한 논변은 잠시 멈추는 것이 좋을 것이다"라고 대답했다. 결국 강홍립과 김경서의 항복이 철저하게 광해군의 중립 외교를 바탕으로, 광해군의 뜻을 따른 것이라 짐작할 수 있는 장면이다.

광해군 입장에서는 자신의 명령을 잘 따른 강홍립을 처벌할 이유가 없었고 결과적으로 후금은 조선이 명과 뜻을 같이하지 않고 자신들과 친교를 맺을 뜻이 있음을 확인하고 조선을 침략하지 않았다. 조선이 후금과 명나라 사이에서 작은 평화나마 유지할 수 있었던 건 광해군의 외교 역량 덕분이었다. 훗날 정묘호란, 병자호란이 일어나며 인조와 조선이 당한 치욕을 생각하면 광해군의 실리 외교는 더욱 큰 의미를 가진다.

지금까지 광해군의 행보를 보면 '아니, 광해군은 외교도 잘하고 백성도 아꼈는데 왜 혼군이라고 불리는 거지'라고 생각할 수도 있다. 하지만 광해군 또한 탄핵을 당할 수밖에 없는 문제를 가지고 있었다. 이제 광해군의 실정은 무엇이었는지 혼군으로 쫓겨난 그 이유에 대해 알아보자.

3

왕권에 대한 집착

 광해군의 말로를 재촉시킨 사건은 1613년에 일어난 계축옥사癸丑獄事였다. 광해군은 왕위에 오르는 과정에서는 선조의 수없는 양위 소동과 적자에 대한 편애로 고생을 했고, 왕위에 오르고 난 뒤에는 적자인 영창대군의 존재 자체가 왕위를 위태롭게 했다. 선조가 승하했을 때는 영창대군이 너무 어려 왕위에 오를 수 없었기에 인목왕후의 지지까지 받으며 광해군이 왕위에 올랐다. 하지만 영창대군의 존재는 항상 광해군에게 눈엣가시였다.

계축옥사로 시작된 폐모살제

1613년, 문경새재에서 은을 운반하던 상인들이 물건을 빼앗기고 살해당하는 사건이 발생한다. 이 사건을 계축년에 일어난 중대한 범죄라 해 계축옥사라고 부른다. 계축옥사의 주동자는 박응서, 서양갑 등 일곱 명의 서얼로 강변칠우江邊七友라 불렀다. 강변칠우는 서얼이 차별받지 않는 세상을 만들자는 목표로 결합한 세력으로, 자금을 확보하기 위해 은 수백 냥을 약탈했다고 자백했다. 하지만 고문을 받던 박응서는 더 엄청난 진술을 뱉어낸다.

"응서는 몇 명의 무뢰배들과 결탁하여 방랑 생활을 하며 영남의 바닷가를 돌아다니다가 돈을 빼앗으려고 사람을 죽였다. 그 일이 발각되어 체포되자 감히 목숨을 부지할 계책을 내어 옥중에서 상소하여 스스로 말하기를 '연흥부원군延興府院君 김제남이 모반을 꾸며 영창대군을 세우려 하고 있다'라고 하며, 있지도 않은 극도로 흉악하고 참혹한 말을 날조함으로써 왕의 뜻에 맞추고 시의時議에 붙좇아 마침내 큰 옥사를 이루어서 선류善類들을 남김없이 죽이고 간흉들의 기세를 더 돋워주었다."

『광해군일기[중초본]』 177권, 광해 14년(1622년) 5월 2일

바로 자신들의 배후가 영창대군의 외할아버지 김제남金悌男이라고 밝힌 것이다. 김제남이 자금을 확보해 반역을 일으키고 광해군과 세자를 죽인 뒤 영창대군을 추대하려고 했다는 밀고였다. 단순한 강도 사건인 줄 알았던 계축옥사가 엄청난 역모 사건으로 비화된 것이다. 결국 수사를 통해 김제남은 반역죄로 처형을 당하고 영창대군은 서인으로 강등되어 강화도로 유배를 떠난다. 여덟 살의 나이에 유배를 떠난 영창대군은 그다음 해인 1614년에 작은 골방에 갇혀 증살蒸殺당한다.

"정항鄭沆을 강화부사로 삼았다. 정항은 무인武人이다. 임해군이 귀양 가자 이정표李廷彪가 살해했고, 영창대군이 귀양 가자 정항이 살해했다. 그러므로 총행이 비할 데 없

었다. 그 뒤에 두 사람이 잇따라 죽자 사람들이 모두 하늘이 내린 앙화라고 하였다. 대군이 죽을 때의 나이가 9세였다. 정항이 강화부사로 도임한 뒤에 대군에게 양식을 주지 않았고, 주는 밥에는 모래와 흙을 섞어서 목에 넘어갈 수 없도록 하였다. 읍 안의 한 작은 관리로서 영창대군의 위리圍籬를 수직한 자가 있었는데 불쌍히 여겨 몰래 밥을 품고 가서 먹였는데 정항이 그것을 알고는 곤장을 쳐서 내쫓았다. 그러므로 대군이 이때부터 밥을 얻어먹지 못하여 기력이 다하여 죽었다. 어떤 사람이 말하기를 '정항은 그가 빨리 죽지 않을까 걱정하여 온돌에 불을 때서 아주 뜨겁게 해서 태워 죽였다. 대군이 종일 문지방을 붙잡고 서 있다가 힘이 다하여 떨어지니 옆구리의 뼈가 다 탔다'라고 하였다. 지금도 강화도 사람들은 그 말을 하면서 눈물을 흘리지 않는 사람이 없다."

『광해군일기[중초본]』 74권, 광해 6년(1614년) 1월 13일

『광해군일기』에도 영창대군의 처절했던 마지막 순간이 남아 있다. 강화부사 정항이라는 인물이 겨우 아홉 살이었던 영창대군에게 밥도 제대로 주지 않고, 모래와 흙을

섞어서 주다가 결국 옆구리 뼈가 다 탈 정도로 아궁이에 불을 때서 증살했다는 것이다. 지방의 작은 관리가, 비록 서인이 되기는 했지만 왕의 아들을 죽였는데도 처벌받지 않는다. 그렇기에 영창대군의 죽음 뒤에는 광해군이 있었다는 소문이 날 수밖에 없었다.

영창대군의 죽음에 가장 분노한 사람은 영창대군의 어머니이자 광해군의 계모인 인목왕후였다. 아들을 잃은 인목왕후와 그 아들을 죽였다고 의심받는 광해군은 완전히 원수 사이가 된다. 광해군은 인목왕후의 아버지가 역모를 공모했다는 죄로 인목왕후를 지금의 덕수궁인 서궁에 유폐시킨다. 선조의 유일한 적녀이자 영창대군의 누나인 정명공주貞明公主도 함께 서궁에 유폐된다.

광해군의 패륜 행위는 여기서 끝나지 않았다. 교서를 반포해 인목왕후의 죄를 알리고 연루된 인물들을 대거 처형해 버린다. 인목왕후가 서궁에서 살면서 겪었던 비참함은 인목왕후를 모시던 궁녀가 쓴 것으로 추정되는 『계축일기癸丑日記』를 통해 전해진다. 『계축일기』에서 광해군은 엄청난 패륜아로 묘사되며 인목왕후는 먹을 것조차 제대로 받지 못해 새가 물어준 곡식을 심어서 밥을 먹었다는 기록이 나온다.

광해군의 이런 행동은 인조반정의 가장 중요한 명분이 되었다. 효孝를 중시하는 조선에서, 백성들에게 모범을 보여야 하는 왕위에 있는 자가 폐모살제廢母殺弟, 즉 어머니를 유폐시키고 동생을 죽였다. 폐모살제는 광해군의 패륜 행위를 드러내는 단어이자 탄핵의 가장 큰 이유가 된 행동이었다.

폐모론으로 둘로 나뉜 조정

인목왕후가 유폐되면서 조정 또한 폐모론廢母論에 반대하는 자와 찬성하는 자, 두 부류로 나뉜다. 충신 삼총사였던 이원익, 이항복, 이덕형은 모두 폐모론에 반대한다. 역모 당사자인 영창대군이 유배를 가서 죽었는데 폐모까지 하는 건 부당하다는 이유였다. 조선의 이념인 성리학에도 위배되는 행동이었다. 하지만 광해군의 굳은 의지로 폐모론에 반대했던 삼총사는 모두 유배를 간다. 폐모론에 찬성하는 부류는 주로 광해군을 지지했던 대북 세력 정인홍鄭仁弘을 중심으로 한 강경파였다. 이이첨李爾瞻은 기획자 역할을 했으며 허균許筠은 폐모론을 주도했다.

> "폐모론이 이이첨으로부터 나오긴 하였지만, 그의 뜻은 그저 역적을 토벌한다고 자처하며 준엄하게 논하여 임금의 뜻을 맞추려는 데에 불과하였을 뿐이었다. (중략) 그 반면 허균은 공을 세워 속죄贖罪하기에 급급한 나머지, 곧장 폐출하여 서인庶人으로 만들어야 한다는 의논을 극력 주장하였으므로, 의논이 마침내 두 갈래로 나뉘어졌다."
>
> 『광해군일기[중초본]』 125권, 광해 10년(1618년) 3월 19일

우리에게 『홍길동전洪吉童傳』의 저자로 유명한 허균은 당시 대북 세력 강경파의 핵심 인물로 폐모론을 적극 주도하는 위치에 있었다. 허균은 문학적으로는 굉장히 뛰어난 인물이었지만 정치계에서는 기피 대상이었다. 성리학의 시대에 불교, 천주교, 도교까지 수용하는 자유분방한 모습을 보였기에 제정신이 아니라는 평가를 받을 정도였다. 『조선왕조실록』에서도 허균에 대해 표현하기를 "저 사람은 천지 간의 괴물이다"라고 했을 정도다.

사실 허균이 폐모론을 적극 찬성한 것은 속죄의 의미도 있었다. 계축옥사를 일으킨 서얼들의 정신적 후원자가 바로 허균이었기 때문이다. 그래서 허균은 폐모론을 적극 주장하며 자신의 정치 생명을 연장시키고자 했다. 하지만 너무나 자유분방했기 때문인지 훗날 허균은 이이첨의 미움을 받아 역모 혐의로 처형을 당하게 된다.

폐모론을 찬성하며 권력을 장악한 대북 세력의 정인홍은 이후 스승인 남명 조식曺植의 추숭 사업을 적극적으로 추진한다. 공자를 모신 성균관 문묘에 조식을 종사하고자 한 것이다. 조선의 문묘에 종사하는 것은 학자들에게는 최고의 영광이다. 하지만 추숭 사업을 진행하는 과정에서 이미 추숭되어 있는 퇴계 이황을 출향하라는 의견을 냈고 이는 엄청난 반발을 사게 된다. 성균관 유생들은 동맹 휴학을 결정했고 성균관 유생들의 명부인 「청금록靑衿錄」에서 정인홍을 삭제하자며 반발한다. 실제로 정인홍은 「청금록」에서 삭제된다.

이렇듯 대북 세력이 무리하게 정국을 주도해 나가는 과정에서 광해군의 실정이 또 일어난다. 광해군이 미신을 너무 신봉한 나머지 무리한 토목 공사를 진행한 것이다.

1612년, 풍수지리사 이의신李懿信이라는 인물이 한양은 땅의 기운이 다했다며 파주 교하로 천도해야 한다고 주장한다.

> "술관 이의신이 상소하여, 도성의 왕기旺氣가 이미 쇠하였으므로 도성을 교하현交河縣에 세워 순행巡幸을 대비해야 한다고 말하니, 왕이 예조에 내려 의논토록 하였다."
>
> 『광해군일기[중초본]』 59권, 광해 4년(1612년) 11월 15일

무리한 토목 공사

"왕이 비밀로 일을 비변사에 전교하기를 '자고로 제왕들은 반드시 성읍을 따로 건설하여 예기치 않은 일을 대비하였으니, 도읍 옮기는 것을 이르는 것이 아니다. 교하는 강화江華를 앞에 마주하고 있고 형세가 심히 기이하다. 독성산성禿城山城의 예에 따라 성을 쌓고 궁을 짓고는 때때로 순행하고 싶다. 대신과 해조 당상은 헌관獻官, 언관言官, 지관地官과 같이 날을 택해 가서 살피고 형세를 그

려 오라' 하였다."

『광해군일기[중초본]』 62권, 광해 5년(1613년) 1월 3일

 광해군은 한양에서 벗어나 새롭게 정치 이상을 펼치겠다는 꿈을 꾸었고 신하들에게 형세를 살피고 그려 오라 명하며 교하로의 천도를 추진하고자 한다. 하지만 신하들의 심한 반대로 천도는 추진되지 않았고 대신 인왕산 아래에 대규모로 궁궐을 조성하라고 명한다. 임진왜란을 겪으며 경복궁, 창덕궁, 창경궁이 모두 훼손되고 광해군 때 창덕궁과 창경궁만 다시 수리했는데 경복궁만은 손을 대지 못한 폐허 상태였다. 광해군은 경복궁 자리에 인경궁을 새로 짓고자 했고 인경궁은 경복궁의 거의 열 배 규모였다. 하지만 광해군의 욕심은 인경궁에서 끝나지 않았다.

 "새 궁궐을 새문동塞門洞에다 건립하는 것에 대해 의논하였다. 성지性智가 이미 인왕산 아래에다 신궐을 짓게 하고, 술인術人 김일룡이 또 이궁離宮을 새문동에다 건립하기를 청하였는데, 바로 정원군의 옛집이다. 왕이 그곳에

왕기王氣가 있음을 듣고 드디어 그 집을 빼앗아 관가로 들였는데, 김일룡이 왕의 뜻에 영합하여 이 의논이 있게 된 것이다. (중략) 그런데 한꺼번에 공사를 시작하여서 제조와 낭청이 수백 명이나 되었으며, 헐어버린 민가가 수천 채나 되었다. 여러 신하가 먼저 한 궁궐을 지어 이어移御한 뒤에 차례차례 공사를 일으키기 청하였으나, 왕이 듣지 않았다. 이에 나라 사람들이 모두 성지를 허물하여 그의 살점을 먹고자 하였다."

『광해군일기[중초본]』 116권, 광해 9년(1617년) 6월 11일

이번에는 김일룡金馹龍이라는 풍수지리사가 선조의 다섯째 아들 정원군定遠君의 집인 인왕산 아래에 왕기가 흐른다 고했고 광해군은 그 말에 두려움을 느껴 정원군의 집을 빼앗아 그곳에 새로운 궁궐을 짓게 한다. 정원군의 집터에 새로 지은 궁궐이 경덕궁이며, 영조 때 이름을 경희궁으로 바꾸었다. 그리고 이 집을 빼앗긴 정원군이 후에 반정을 일으켜 광해군을 탄핵한 인조의 아버지다. 정원군의 아들 인조가 왕이 되었으니 결과적으로는 김일룡의 말이 이루어진 것이다.

인경궁에 경덕궁까지 거대한 궁궐을 짓기 위해서는 어마어마한 돈이 필요했다. 돈을 끌어오기 위해 돈만 주면 관직을 부여하는 등의 부정부패가 일어나기도 했다. 이를 비꼬며 생긴 말이 '오행당상五行堂上'이다. 금, 목, 수, 화, 토 등 다섯 종류의 당상관이라는 뜻으로 궁궐을 지을 때 필요한 돈, 목재, 물, 불, 대지, 석재 등을 바친 자들에게 무분별하게 벼슬을 주어 돈만 주면 정승 자리도 얻었다 함을 뜻한다. 채소를 바쳐 당상관이 된 사람은 잡채 정승, 김치를 바쳐서 당상관이 된 사람은 김치 정승 등이라 비웃기도 했다.

> "그전에 지존至尊으로 있을 때 백사百司와 팔방八方에서 매달 공물供物을 바쳤는데 무엇이 부족해서 염치없는 것들에게까지 찬거리를 요구하여 심지어는 김치 판서니 잡채 참판이니 하는 말까지 있었으며."
>
> 정재륜鄭載崙『공사견문록公私見聞錄』

권력이 부패하면 언제나 비선 실세가 등장한다. 연산군에게 장녹수가 있었다면 광해군에게는 김개시가 있었다. 김개시金介屎, 한자로 쓰면 개介에, 시체 시屍 아래에 쌀 미米가 들어간다. 쌀의 시체, 즉 개똥이라는 이름이다. 김개시는 후궁이 아니라 상궁으로 광해군의 총애를 받는 인물이었다. 선조 때 광해군의 궁녀로 들어왔으며 개시라고 부르기도 하고 아름다운 여인이라는 뜻의 가히可屎라고 부르기도 했지만 그다지 아름답지는 않았다고 한다.

> "김 상궁은 이름이 개시로 나이가 차서도 용모가 피지 않았는데 흉악하고 약았으며 계교가 많았다."
>
> 『광해군일기[중초본]』 69권, 광해 5년(1613년) 8월 11일

못생겼다는 말을 "용모가 피지 않았다"라고 표현한 『조선왕조실록』 기록을 보면, 미모로 광해군을 눈을 멀게 한 것이 아니라 지략으로 휘두른 것으로 보인다. 광해군은 세자 시절부터 김개시와 인연을 맺었고 광해군이 왕위에 오르면서 김개시가 본격적인 참모 역할을 한다. 인사권을 장악하거나 매관매직을 하는 등 부정부패를 일삼기도 했다.

결과적으로 장녹수는 끝까지 연산군 곁을 지키다가 죽

었지만 김개시는 인조반정이 일어날 때 반정 세력에 매수된다. 하지만 한 번 배신한 사람은 또다시 배신할 수 있다는 이유로 반정 세력에 의해 참수당하며 생을 마감한다.

4

인조반정으로 왕위에서 쫓겨나다

"광해가 궁중에서 항상 깊숙한 곳에 몸을 숨기고 사람들로 하여금 찾아내게 하여 찾지 못하면 기뻐하고 찾으면 기뻐하지 않았는데, 대개 변이 있을 것을 염려해서 시험으로 몸을 감추는 것을 염려한 것입니다. 또 항상 은 수백 궤짝을 쌓아두었는데 이는 혹시 왕위를 잃게 되면 명나라 조정에 뇌물을 써서 왕위를 회복하려는 것이었습니다."

정재륜 『공사견문록』

광해군 또한 인조반정 전의 연산군처럼 불안 증세를 보인다. 몸을 숨기고 깊은 곳에 은신하면서 자신을 찾아보라 하고 찾지 못하면 기뻐하는 등 이상 행동을 한다. 큰 변이 있을 것을 염려해서 시험 삼아 몸을 감추는 것인가를 염려할 정도였다. 은 수백 궤짝을 쌓아두기도 했는데 이는 왕위를 잃게 되면 명나라 조정에 뇌물을 써서 왕위를 회복하려는 이유였다고 한다. 광해군도 연산군처럼 반정의 징조나 조짐을 느끼고 있었다는 것이다.

마침내 쫓겨난 광해군

마침내 1623년 3월 13일 새벽, 인조반정이 일어난다. 인조반정을 주도했던 세력은 광해군 정권에서 핍박받았던 서인이었다. 서인의 김류, 이귀 등으로 주로 율곡 이이와 이항복의 문인이었다. 중종반정과 달리 인조반정은 인조가 직접 참여하고 주도했다. 반정의 명분은 크게 두 가지였다.

"광해는 남을 참소하고 모해하는 자들의 말을 신임하고

스스로 시기하고 혐의하는 마음을 가져 우리 부모를 형벌하여 죽이고 우리 일가들을 몰살시켰으며 품속에 있는 어린 자식을 빼앗아 죽이고 나를 유폐하여 곤욕을 치르게 하였으니, 그는 인간의 도리가 조금도 없는 자이다. 그가 이러한 짓을 한 것은 선왕에게 품었던 유감을 풀려고 한 것인데 미망인에 대해서야 무슨 짓인들 못하겠는가. 그는 형과 아우를 살해하고 조카들을 모조리 죽였으며 서모庶母를 때려죽이기까지 하였다."

『광해군일기[중초본]』 187권, 광해 15년(1623년) 3월 14일

"우리나라가 중국을 섬겨온 지 2백여 년이 지났으니 의리에 있어서는 군신의 사이지만 은혜에 있어서는 부자의 사이와 같았고, 임진년에 나라를 다시 일으켜준 은혜는 영원토록 잊을 수 없었던 것이다. 이리하여 선왕께서 40년간 보위에 계시면서 지성으로 중국을 섬기시며 평생에 한 번도 서쪽으로 등을 돌리고 앉으신 적이 없었다. 그런데 광해는 은덕을 저버리고 천자의 명을 두려워하지 않았으며 배반하는 마음을 품고 오랑캐와 화친하였다."

『광해군일기[중초본]』 187권, 광해 15년(1623년) 3월 14일

첫 번째, 선조의 계비이자 왕실의 큰어른이자 광해군의 어머니인 인목왕후를 서궁에 유폐하고 형과 아우를 살해한 것. 두 번째, 지금까지 조선의 기조로 내려온 친명배금親明排金을 깨고 명나라에 의리를 지키지 못한 것이다.

결국 광해군은 허망하게 궁궐에서 쫓겨난다. 반정 세력이 몰려온다는 소식을 들은 광해군은 내시에게 업혀 의관 안국신의 집에 피신했지만 또 다른 의관 정남수의 밀고로 잡혀 나와 인목왕후 앞에서 자신의 죄를 인정하고 인조에게 왕위를 물려주게 된다.

파란만장한 삶에 마침표를 찍다

광해군이 왕위에서 쫓겨났으니 당연히 그 가족도 안타까운 말로를 맞았다. 세자의 자리에 있었던 폐세자 이지와 폐세자빈은 강화도로 유배를 간다. 하지만 땅을 파서 탈출하겠다는 계획을 세운 뒤 발각되며 인조가 자결을 명한다. 아들 내외가 죽은 후 광해군의 부인 문성군부인文城郡夫人 유씨도 화병으로 사망한다. 하지만 광해군은 연산군과 달리 오랫동안 살아남는다. 1636년에는 강화도 교동도로 옮겨져 연산군과 같은 유배지에서 살았고, 1637년에는 교동도를 떠나 제주도로 유배지를 옮겼다. 이때 광해군이 쓴 시가 조선 후기 문신 홍만종洪萬宗이 조선의 시를 모아둔 『소화시평小華詩評』에 실려 있다.

"더운 바람이 비를 몰아 성 앞을 지나가고
바다 기운이 백 척 누각을 끓이네.
푸른 바다의 성난 파도는 땅거미를 부르고
푸른 산의 근심스러운 빛 맑은 가을 보내네.
돌아가고픈 마음은 매번 왕손초에 맺혀 있지만
나그네 꿈은 자주 제자 물가에서 깨는구나.
고국의 흥망은 소식조차 끊어지고
안개 피어나는 강가에서 외로운 배에 누워 있다네."

홍만종『소화시평』

흥망성쇠를 거치고 담담하게 유배를 받아들이는 광해군의 심정이 담겨 있다. 광해군은 무려 18년 동안 유배 생활을 보낸다. 오랜 시간 권력도, 관심도 없이 버티다 보니 말년에는 왕의 모습을 찾아볼 수 없을 정도였다고 한다.

하루는 광해군을 시중 들었던 관비가 밥도 제대로 주지 않아 광해군이 불러서 "내가 그래도 한때는 이 나라의 왕이었는데 네가 이렇게 대접하면 되겠느냐?" 하니 관비가 "그러니까 왕으로 계실 때 좀 잘하시지 왜 이제 와서 저한테 뭐라 그러십니까"라고 반격할 정도였다. 여종에게 '영감'이라고 불렸다고 하니 그 마지막이 얼마나 쓸쓸했는지 짐작할 수 있다.

광해군은 파란만장한 삶을 살았다. 임진왜란 때는 분조 활동을 하면서 무능력한 왕인 선조를 대신해 리더십을 발휘했고, 왕의 자리에 오른 후에는 대동법 같은 경제 개혁 정책, 그리고 『동의보감』 등 각종 편찬 사업을 진행했다. 특히 외교 부문에서도 중립 외교를 펼치며 전쟁을 피할 수 있었지만 정통성 시비를 없애기 위해 어린 동생 영창대군을 죽이고 계모를 폐위시키고, 철저하게 측근 세력인 대북만을 끌어안았다. 왕위에 대한 집착에 빠져 풍수리지사의 말만 듣고 무리하게 궁궐을 짓고 민생을 외면했던 것들이 결국 부메랑이 되어서 반대 세력을 결집시켰고 1623년의 폐위라는 결과를 낳았다.

어떻게 보면 광해군은 연산군과 동일한 선상에 있는 것이 억울할 수도 있다. 연산군은 문제만 있었던 왕이지만 광해군은 업적도 많았고 그 뒤를 이은 인조가 두 번의 호란을 일으킨 혼군이었기 때문이다. 인조반정 이후 민가에서는 「상시가傷時歌」라는 시대를 한탄하는 노래가 유행했다. 광해군 시대와 인조 시대가 크게 다르지 않음을 한탄하는 노래다.

"아, 너희 훈신들아 스스로 뽐내지 말라. 그의 집에 살면서 그의 전토를 점유하고 그의 말을 타며 그의 일을 행한다면 너희들과 그 사람이 다를 게 뭐가 있나."

반정으로 왕위에서 쫓겨났지만 연산군과 광해군은 확실히 달랐다. 그리고 역사는 승리자의 기록이다 보니 인조 때 광해군의 악행을 더 과장한 부분도 있었으리라 보인다. 하지만 광해군은 당시에는 용서하기 힘든 폐모살제, 중립 외교, 토목 공사 등을 실행했고 그런 잘못이 조선에 얼마나 큰 파국을 가져왔는가를 깊이 새겨야 한다. 역사를 통해 교훈을 배워야 우리 또한 시행착오를 피할 수 있다. 역사는 과거와 현재의 대화임을 인식하면서 역사를 반면교사로 삼는 지혜가 필요하다.

3부

조선을 버린 왕,
선조

선조는 많은 방계 출신 왕자 중에서도 명석함으로
왕의 자리에 올랐고, 집권 초기에는 사림파를 등용하며
적극적인 인재 등용에 힘썼다.
이이, 유성룡, 이항복, 이덕형 등 인재와 함께 조선의 학문과
문화를 융성하게 만든 공도 분명히 있다.
하지만 사림파의 등용은 당쟁의 시작이 되었으며,
문을 중시한 나머지 국방이나 국외 정세를 파악하하지 못했다.
다행히 백성과 의병, 장군들의 힘으로 승리를 거두었으나
그 과정에서 본인의 안위만을 챙기는 모습을 보였고
전쟁 후 상벌에도 공정하지 못했기에 선조에 대한 평가는
박할 수밖에 없다.

1

최초의 방계 출신 왕 선조

목릉성세穆陵盛世, 지금 우리에게는 무척 낯선 단어지만 조선에서 선조의 시대를 지칭할 때 선조의 무덤인 목릉穆陵을 붙여 목릉성세라고 불렀다. 즉, 선조가 이끈 학문과 문화의 전성기를 이르기 위해 쓰던 말이다. 후대의 우리에게는 무척 의문스러운 단어다. 임진왜란이 일어났음에도 도성을 버리고 자신의 안위에만 급급했던 왕, 열악한 전장에서 활약한 이순신 장군이나 곽재우 장군을 제대로 대우해 주지 않고 시기했던 속 좁은 왕이 우리에게 새겨진 선조의 이미지이기 때문이다. 하지만 선조는 즉위 초반에는 꽤 능력 있는 왕이라는 평가를 받으며 조선의 학문과 문화를 발달시켰다. 과연 선조의 시대는 목릉성세였는지 아니면 혼군으로 평가받아 마땅한지 그 시대로 돌아가 보자.

사림파, 본격적으로 정치에 참여하다

선조의 조선은 사림파가 본격적으로 정치에 참여하면서 당쟁이 시작된 시기라는 점이 중요하다. 그전까지는 훈구파가 권력을 독점했고 성종 때부터 점차 사림파가 정치 전면에 등장하면서 훈구파를 견제했지만 네 번에 걸친 사화로 사림파의 영향력이 축소되었다. 명종 때는 문정왕후와 윤원형을 중심으로 하는 외척 정치가 20년간 지속되었기에 사림파는 좀처럼 능력을 발휘하지 못했다. 이런 상황에서 선조는 사림파를 본격적으로 정치에 참여시켜 조선이라는 나라를 학문적으로도 성숙하고 더 개혁적인 분위기로 만들어야겠다고 생각한다. 하지만 관직은 한정돼 있고 관직에 오르고 싶어 하는 사람이 많으면 경쟁이 붙을 수밖에 없다. 그렇기에 사림파가 본격적으로 정치에 참여하는 이 시기를 당쟁의 시작으로 본다.

선조의 시대에 대표적인 인물은 이황, 이이, 유성룡, 정철, 이산해, 이원익, 이항복, 이덕형 등 쟁쟁한 학자들로 서로 대립하기도 했지만 함께 국정을 이끌어가며 능력을 발휘하기도 했다. 능력 있는 학자들로 인해 학문의 진흥과 다양한 학파의 참여가 가능했다는 점은 분명히 장점이지만 결과적으로 선조의 아킬레스건으로 작용하는 임진왜란王辰倭亂의 원인이 되기도 했다는 점은 치명적인 단점일 수밖에 없다. 조선 내부에서 치열한 정치 다툼이 일어나다 보니 국방 강화나 일본의 동향, 외세의 상황에 대한 파악이 제대로 이루어지지 않았기 때문이다.

선조 8년 때인 1575년, 동서분당東西分黨을 시작으로 당쟁이 전개되었고, 14년 뒤인 1589년에는 기축옥사己丑獄事라는 정치적 참극이 일어나며 많은 선비가 희생당했다. 그런 상황에서도 선조는 수수방관했기에 후대에서는 부정적인 평가를 내릴 수밖에 없는 것이다.

조선 최초 방계 출신의 왕

선조는 조선 왕실 최초로 방계 출신으로 태어나 왕이 된 인물이다. 조선 시대 왕위 계승의 원칙은 적장자가 다음 왕의 자리를 승계하는 것이었다. 적장자嫡長子라 하면 정실부인이 낳은 적자嫡子 중에 첫째 아들을 뜻한다. 하지만 조선의 스물일곱 명의 왕 중에 적장자는 일곱 명밖에 없었다. 세종과 소헌왕후昭憲王后의 아들 문종, 문종과 현덕왕후顯德王后의 아들 단종, 성종과 폐비 윤씨의 아들 연산군, 중종과 장경왕후의 아들 인종仁宗, 효종孝宗과 인선왕후仁宣王后의 아들 현종顯宗, 현종과 명성왕후明聖王后의 아들 숙종, 숙종과 희빈禧嬪 장씨의 아들 경종景宗이다. 폐비 윤씨와 희빈 장씨는 왕후의 자리에서 격하되었지만 적장자인 연산군과 경종을 낳았을 당시에는 왕후의 자리에 있었다.

세종이나 태종처럼 첫째가 아닌 아들이 왕위에 오르는 경우도 있었고 수양대군이 역모를 일으킨 계유정난癸酉靖難, 연산군을 탄핵시킨 중종반정, 광해군을 탄핵시킨 인조반정 등 정난이나 반정이 있기도 했다. 또한 적장자 출신 왕이 정치적 능력을 발휘하지 못하는 경우가 꽤 있었다. 문종처럼 일찍 승하하거나 단종처럼 삼촌에게 희생당하거나 연산군처럼 왕위에서 끌려 내려왔다.

어찌 되었든 명종 때까지는 왕의 어머니가 왕비 아니면 계비였다. 조선 시대에는 왕비의 자리가 비면 계비를 맞이했고, 이 왕비나 계비의 소생을 적자라 하는데, 선조 전까지는 적장자는 아니라도 언제나 왕비의 아들인 적자가 왕위를 계승했다.

조선 전기만 해도 왕실에서 자녀를 많이 생산했다. 태종은 12남 17녀, 29명의 자녀를 두었고, 세종대왕은 18남 4녀, 22명의 자녀를 두었고, 성종은 16남 12녀, 28명의 자녀를 두었다. 이는 수양대군처럼 왕위를 노린 정난의 원인이 되기도 했지만 왕위 계승의 튼튼한 기반이 되기도 했다.

하지만 연산군을 지나 중종 이후 왕실의 자녀가 점점 줄어들었다. 중종은 장경왕후와의 사이에서 인종을, 문정왕후 사이에서 명종을 낳아 두 명의 적자를 두었고, 중종의 뒤를 이은 인종은 자녀가 없어 이복동생인 명종이 왕위를 계승했다. 명종은 인순왕후 심씨와의 사이에서 하나뿐인 아들인 순회세자를 두었으나, 순회세자가 열세 살에 요절하면서 세자의 자리를 이을 적자가 더 이상 없었다. 결국 방계 출신, 즉 후궁 소생의 왕자 중에서 다음 왕위를 이을 세자를 책봉해야 했다. 조선 역사상 처음으로 왕실의 적통 후계자가 없는 상황이 일어난 것이다.

"하루는 왕손들에게 글자를 써서 올리라고 명령하였더니, 짧은 시詩를 쓰기도 하고, 혹은 연구聯句를 쓰기도 하였는데, 선조는 홀로 '충성과 효도가 본시 둘이 아니다'라고 여섯 자를 썼으므로 명종이 더욱 기특하게 여겼다."

『연려실기술』12권, '선조가 들어와 대통을 계승하다'

"보살피고 사랑하심이 특히 후하여서 자주 불러 학업을 시험해 보고 은사恩賜가 연이었으니, 세자라는 이름을 아직 붙이지 않았을 따름이었다. 별도로 선생을 뽑아서 가르치게 하니, 한윤명韓胤明, 정지연鄭芝衍이 그 선택에 들었었다."

『연려실기술』12권, '선조가 들어와 대통을 계승하다'

명종은 자신이 죽은 후의 혼란을 피하기 위해 생전에

후계자를 지목해 두었다. 바로 명종의 아버지인 중종과 창빈 안씨의 소생인 덕흥군德興君의 세 아들 중 막내인 하성군河城君이었다. 후궁의 아들인 덕흥군의 세 아들 중에서도 막내인 하성군이 첫째와 둘째를 제치고 명종의 후계자로 지목된 것에는 그 총명함 덕분이라는 이야기가 여러 기록에 등장한다.

세자가 정해져 있지 않으니 여러 왕손을 궁중에서 가르쳤는데, 어느 날은 명종이 왕이 착용하는 익선관을 두고 "너희들의 머리가 얼마나 컸는지 알고 싶으니 이 익선관을 한 번씩 써보아라"라고 말한다. 다른 왕자들은 익선관을 썼지만 하성군만은 익선관을 쓰지 않았다. 명종이 그 이유를 묻자 하성군이 "익선관이 어찌 보통 사람이 쓸 수 있는 것이겠습니까?"라고 말하며 겸손함을 보여준 것이다.

또 왕손들에게 시를 짓게 했을 때도 "충성과 효도는 원래 둘이 아니다"라고 하며 어린 나이에도 명석함을 보여 명종에게 가산점을 얻었다. 명종 또한 어차피 후궁 소생의 왕자를 후계자로 세워야 하는 만큼 서열보다는 왕의 자질을 중시했던 것으로 짐작할 뿐이다.

2

서인과 동인의 치열한 당쟁

 당쟁에 대해 알기 위해서는 15세기 후반으로 거슬러 올라가야 한다. 15세기 후반부터 사림파가 중앙 정계로 진출하면서 기존의 정치 세력인 훈구파와 대립을 시작했다. 네 번에 걸친 사화는 훈구파와 사림파의 정치적 대립이자 사상적 대립을 상징하는 사건이었다. 1498년 연산군 때의 무오사화, 1504년 또다시 연산군 때의 갑자사화, 1519년 중종 때의 기묘사화己卯士禍, 1545년 명종이 즉위한 직후 일어난 을사사화乙巳士禍까지 네 번의 사화를 거치며 사림파의 많은 인물이 숙청당했고 점차 중앙 정계에서 밀려나 지방으로 입지를 옮겼다.

하지만 1565년 명종을 대신해 수렴청정으로 정계를 좌지우지했던 문정왕후가 사망하면서 외척 정치가 종식되었고 드디어 사림파가 정계에 진출할 수 있는 환경이 조성되었다. 사림파는 다시금 정치에 등장하면서 외척 정치를 완전히 청산하고자 했다. 윤원형 같은 외척이 정치 일선에서 조정을 좌우하는 시대는 지나갔다, 이제 성리학의 이념에 충실한 사림의 시대를 만들어야 한다는 목소리가 점차 높아졌다.

당쟁의 시작, 동서분당

열여섯 살의 선조가 즉위한 초반에는 명종의 왕비인 인순왕후가 수렴청정을 하였으나 왕이 총명하다는 이유로 곧 수렴청정을 거두고 이듬해부터 선조의 친정이 시작되었다. 선조는 일찍부터 사림파와 교감하였기에 공신과 왕실 외척을 배척해 나가면서 사림파를 정계의 주역으로 끌어들였다.

그러나 지방에서 머무르며 정치 세력 외부에 있던 사림파가 조정에 들어오면서 갈등은 피할 수 없었다. 보통 동인과 서인의 분당으로 첫 당쟁이 시작되었다고 보는데, 동인은 영남 지역의 학자들, 서인은 이이와 성혼의 학통을 이은 경기 지역 학자들이 주류였다. 본격적으로 동서 분당이 일어나기 전인 1572년, 노련한 정치인 이준경은 사망하기 전에 분당分黨이 일어날 것이라 경고한다.

> "상이 이준경의 유소遺疏에 '조정 신하들이 붕당을 만들어 마침내 허위 풍조가 형성되었다'라고 한 말을 보고 크게 놀라 대신에게 묻기를 '만약 붕당이 있다면 조정이 어지러워질 것이다' 하니, 대신이 그 의혹을 풀어주었는데, 상도 끝까지 따지지 않았다."
>
> 『선조수정실록』 6권, 선조 5년(1572년), 7월 1일

> "이준경은 죽음에 임박하여 미리 임금에게 올리는 차자를 남겼는데, 그 차자에서 말하였다. '지금 사람들이 고

상한 이야기, 훌륭한 말들로 붕당을 결성하는데, 이것이 결국에는 반드시 이 나라에서 뿌리 뽑기 어려운 커다란 화근이 될 것입니다' 하였다."

이건창李建昌『당의통략黨議通略』

이준경의 예언은 적중했다. 당쟁의 시작은 예나 지금이나 권력의 행방에 중요하게 작용하는 인사권을 둘러싸고 일어났다. 조선 시대에 인사권을 가지고 있었던 부처는 이조吏曹로, 이조는 장관급의 정이품 문관 이조판서吏曹判書, 차관급인 종이품 문관 이조참판吏曹參判, 실무를 처리하는 이조전랑吏曹銓郎 등으로 구성된 조직이다. 이조전랑은 정오품의 이조정랑吏曹正郎과 정육품의 이조좌랑吏曹佐郎을 함께 이르는 관직으로 인사권에 핵심적으로 관여하는 직책이다.

1575년, 이조정랑직을 둘러싸고 김효원과 심의겸이 대립하게 된다. 사건이 일어나기 전인 1572년에 영남학파에 속하는 오건이 자신의 후임으로 김효원을 추천한다. 김효원은 이황과 조식의 문하에 있던 학자로 1565년 문과에 장원급제한 인재였다. 명종의 왕비인 인순왕후의 아우 심의겸이 오건의 추천을 거부했으나 결국 1574년 김효원이 이조정랑에 임명된다. 이후 김효원의 후임자로 심의겸이 자신의 동생인 심충겸을 추천하면서 갈등이 다시 시작되었고 대신들 또한 두 세력으로 나뉘게 된다. 외척 정치가 청산된 이 시대에 이조정랑 같은 청요직淸要職을 외척에게 맡길 수 없다고 반대하는 김효원의 세력과 외척이지만 사림파를 비호해 준 심의겸 같은 사람까지 척질 필요가 없다는 심의겸의 세력이 대립한다.

> "심의겸이 이조참의로 있을 때, 예전의 과실을 끌어대면서 김효원이 전랑으로 되는 것을 막았는데, 그 뒤 마침내 김효원이 전랑으로 들어갔다. 그 뒤에 어떤 사람이 심의겸의 아우 심충겸을 전랑에 천거하자, 김효원이 허락하지 않고 말하기를 '이조의 관직이 어째서 외척 집안의 물건인가. 심씨 문중에서 반드시 차지해야 한단 말이냐' 하였다. 『하담록』"
>
> 『연려실기술』 13권, '동서 당론이 나누어지다'

"동인, 서인이라는 말이 여기서 비롯하였으니, 대개 김효원의 집이 동쪽인 건천동에 있고 심의겸의 집은 정릉동에 있기 때문이었다."

『연려실기술』 13권, '동서 당론이 나누어지다'

김효원을 지지하는 세력은 주로 조식과 이황이 기반을 잡았던 영남 지역 학파였고 심의겸을 지지하는 세력은 주로 서울과 경기 지역에 기반을 둔 기호학파로 지역적 대립까지 이루어졌다.

김효원의 집이 서울의 동쪽인 건천동乾川洞(지금의 동대문시장 근처)에 있었고, 심의겸의 집은 서울의 서쪽인 정릉貞陵(지금의 중구 정동)에 있어서 김효원 세력은 동인, 심의겸 세력은 서인이라 부르게 되었다. 그리고 이 사건을 당쟁의 시초가 되는 동서분당東西分黨이라 한다. 최근까지도 정치인이 거주하는 동네 이름을 붙여 김대중 대통령의 측근을 동교동계, 김영삼 대통령의 측근을 상도동계라고 부르곤 했는데, 그 역사가 조선 시대까지 거슬러 올라가는 것이다.

끊임없이 이어지는 당쟁

1575년 동서분당으로 본격화된 당쟁은 1589년 정여립鄭汝立 역모 사건으로 더욱 치열한 양상을 띠게 되었다. 정여립은 원래 서인의 정치인이었다가 동인으로 옮긴 인물로, 서인의 입장에서는 배신자였다. 또 정여립은 주자성리학이 대세였던 조선 시대에 병법이나 도가 사상, 주역에도 관심을 가진 자유분방한 사고의 소유자였다. 정여립이 내걸었던 이념 중 하나는 "천하는 공물公物이다"로, 어찌 보면 군주제를 부인하는 위험한 사상이기도 했다.

조정에서도 요주의 인물로 주시하고 있던 정여립이 황해도관찰사 등과 함께 황해도와 호남에서 군사를 일으켜 역모를 꾀했다는 보고가 올라온다. 조정에서는 비상대책회의를 열어 의금부 도사를 황해도와 전라도로 파견했고 정여립은 제자가 자백했다는 말을 듣고 진안 죽도에서 자결한다. 주모자가 죽었지만 역모라는 엄청난 사건이기에 정여립과 연루되었던 인물들에게 대거 체포령을 내리며 본격적인 수사가 시작된다.

선조는 서인의 강경파 정철을 위관委官, 즉 수사 책임자로 임명했고 이로 인해 사건은 더욱 확대된다. 우리에게는 「관동별곡」, 「사미인곡」 등의 가사로 유명한 문인 정철은 강경한 서인의 입장에 서서 동인 세력에 엄청난 정치적 타격을 가한다. 선조 입장에서도 정여립과 뜻을 같이 하는 역모 세력을 확실하게 척결해야 왕위의 자리 또한 굳건하게 지킬 수 있었다.

> "여립이 (중략) 학도에게 항상 말하기를 '사마온공司馬溫公의 『통감通鑑』은 위魏로 기년紀年을 삼았으니 이것이 직필直筆인데 주자朱子가 그것을 그르게 여겼다. 대현大賢의 소견이 각기 이렇게 다르니 나는 이해할 수 없는 바이다. 천하는 공물인데 어찌 정해진 임금이 있겠는가. 요堯임금, 순舜임금, 우禹임금은 서로 전수하였으니 성인이 아닌가' 하고."
>
> 『선조수정실록』 23권, 선조 22년(1589년) 10월 1일

정철은 날카로운 칼날을 휘둘러 연루자들을 잡아들였다. 유생 선홍복이 가혹한 수사를 받으며 이발과 이길 형제, 백유양 등이 연류되었음을 자백했고, 연류된 인물

대부분이 동인이었다. 특히 동인 중에서도 조식의 제자를 주축으로 한 남명학파와 서경덕徐敬德의 제자를 주축으로 한 화담학파의 피해가 매우 컸다. 상대적으로 같은 동인이지만 이황李滉의 학문을 이은 퇴계학파의 피해는 적었다. 화담학파의 중심 인물인 이발, 이길 형제가 처형되고 노모까지 희생당했으며, 남명학파의 핵심 인물인 최영경은 역모의 주동자라는 무고를 받아 옥중에서 사망했다.

이를 지켜본 남명학파 정인홍鄭仁弘은 동인의 영수이자 퇴계학파인 유성룡에게 "당신같이 상식 있는 사람들이 저 정철을 말려야 하는 것이 아닌가"라고 읍소했지만 유성룡은 소극적으로만 대응한다. 결국 이 사건을 계기로 동인의 한 축을 이루었던 남명학파의 정인홍 세력과 화담학파는 북인으로, 퇴계학파의 유성룡 세력은 남인으로 나뉘어졌다. 당시 유성룡이 살았던 곳이 지금의 남산 한옥 마을이고 이발이 북악에 살아서 남인과 북인이라는 명칭으로 불렸다는 견해도 있다.

"이발이 죽는데도 유성룡이 구원하지 않은 것 때문에,

정인홍의 당은 드디어 유성룡과 원수가 되어서 남인과 북인으로 나누어졌다. 우성전이 남산에 살았고, 이발은 북악에 살았기 때문이다."

이건창 『당의통략黨議通略』

결과적으로 선조 후반의 당쟁은 정철과 윤두수尹斗壽를 주축으로 하는 서인 세력과 유성룡과 이원익을 주축으로 하는 남인 세력, 이산해와 정인홍을 주축으로 하는 북인 세력으로 정리된다. 정여립의 난을 수사하는 과정에서 많은 동인이 희생된 기축옥사을 거치면서 정철을 중심으로 하는 서인 세력이 상당히 커졌고 이제 서인이 정권을 잡고 승승장구하리라 생각했지만 2년 후 정철이 정치 일선에서 물러나는 사건이 발생한다.

선조의 선위에 반대를 청했다가 귀양을 떠난 정철

조선 시대의 왕 중에 선조만큼 자주 왕위에서 내려오겠다고 말한 인물이 없을 만큼 선조는 수시로 "과인은 이제 왕위에서 내려오겠소. 너무 힘이 드니 세자에게 왕위를 물려주겠소"라며 선위의 뜻을 밝혔다. 선조가 선위를 말할 때마다 신하들은 "아니 되옵니다, 전하. 아직 건강하시고 춘추가 한창이신데 어찌 우리를 버리십니까"라고 말려야 했고 선조는 마지못한 척하며 "경들의 뜻이 그러하니 과인의 의견을 물릴 수밖에 없겠네"라고 하는 상황이 반복되었다.

워낙 여러 번 선위 파동이 일어나니 영의정 이산해, 좌의정 정철, 우의정 유성룡은 왕이 또다시 선위를 말한다면 그 말에 따르자며 결의한다. 세 사람이 의견을 통일시킨 뒤에 날을 잡아 선조를 찾아가는데, 이산해는 말을 잘못했다가는 크게 경을 칠지도 모른다는 우려에 당일에 약속을 취소한다.

정철과 유성룡이 선조를 배알하는 중 아니나 다를까 또 선조가 "과인이 요즘 건강도 시원치 않고 왕 노릇하기 너무 힘드오. 세자에게 왕위를 물려줘야 할 것 같소"라고 말한다. 그렇지 않아도 벼르고 있던 정철은 "그렇게 힘드시면 세자에게 왕위를 물려주는 것도 좋을 듯하옵니다"라고 말했고 그 말을 들은 선조는 얼굴빛이 달라진다. 옆에 있던 유성룡은 왕의 얼굴빛을 보고 더 이상 말을 보태지 못하고 가만히 있었다. 결국 말을 꺼낸 정철만 선조의 분노를 한꺼번에 받았고, 말 한마디에 유배길에 오르게 된다. 선조의 속 좁은 모습을 그대로 보여주는 일화가 아닐까 싶다.

정리하면, 선조 때 훈구파를 밀어내고 조정에 자리 잡은 사림파는 동서분당으로 동인과 서인으로 나뉘었으며 기축옥사를 계기로 동인은 다시 북인과 남인으로 나뉘게 된다. 선조 후반에는 서인과 북인과 남인이 당쟁을 주도하게 되었다.

정파 간 대립이 치열하게 전개되면서 학문적인 경쟁도 활발하게 이루어졌다. 성리학이 이론적으로 강화되고 이황, 조식, 이이, 성혼 같은 학자가 배출되었으나 조선 사회 전체가 '문文'을 중심으로 나아가면서 '무武'를 천시하는 경향이 만연해지고 국방력에 대한 관심이나 대비가 소홀해지며 국방이 약화되기도 했다. 하지만 옆 나라 일본은 전국 시대를 거치면서 전장에서 날뛰던 무장 세력이 호시탐탐 조선을 노리고 있는 상황이었기에 이는 큰 위험으로 조선에 되돌아온다.

3

임진왜란과 망명 계획

　16세기 일본은 전국 시대의 혼란기였다. 무로마치막부 室町幕府의 권위가 실추된 이후 각지의 호족이 권력을 쟁탈하기 위해 전쟁을 일으켰고 마침내 1587년 오사카를 거점으로 한 도요토미 히데요시豊臣秀吉가 전국 시대 최후의 승리자가 되었다. 승리자의 자리에 오른 도요토미는 자신이 일본 최고의 권력자가 되었으니 선조에게 인사를 하라고 요구한다. 일본인을 왜놈이라 칭하며 야만국으로 멸시했던 조선은 어이없는 상황에 기가 찰 정도였다. 당연히 왕이 인사하러 갈 일은 없지만 이 야만국이 무엇을 믿고 이렇게 오만한가 싶어서 조선통신사를 파견해 동태를 살피고자 한다.

조선통신사의 의견 대립

1589년 11월, 통신사 일행의 명단이 작성되어 선조의 결재를 받는다. 정사 황윤길, 부사 김성일, 서장관 허성 등으로 구성된 조선통신사단은 1590년 3월 6일 한양에서 출발해, 4월 29일 부산포에 도착했고, 대마도를 거쳐 그해 9월이 되어서야 교토에 도착한다. 문경새재를 넘어 부산에서 배를 타고 대마도로 이동해 일본까지 다시 배를 타고 간 뒤 내륙에서 말을 타고 이동하는 긴 여정이었다.

하지만 도요토미 히데요시는 특별한 이유도 없이 조선통신사의 접견을 미루는 오만한 태도를 보였고 1590년 11월이 되어서야 접견이 이루어졌다. 조선통신사는 "양국의 우호를 두텁게 하자"라는 간단한 내용의 국서를 올리는데, 도요토미의 회답 국서에는 명나라를 칠 것이니 조선이 먼저 항복하고 입조入朝를 하라는 모욕적인 내용이 적혀 있었다. 즉, 일본이 조선의 상국이니 조선의 왕이 도요토미 히데요시를 찾아와 알현하라는 뜻이다.

> "왜인의 답서答書에 '(중략) 국가가 멀고 산하가 막혀 있음도 관계없이 한 번 뛰어서 곧바로 대명국大明國에 들어가 우리나라의 풍속을 4백여 주에 바꾸어 놓고 제도帝都의 정화政化를 억만년 시행하고자 하는 것이 나의 마음입니다. 귀국이 선구先驅가 되어 입조한다면 원려遠慮가 있음으로 해서 근우近憂가 없게 되는 것이 아니겠습니까. 먼 지방 작은 섬도 늦게 입조하는 무리는 허용하지 않을 것입니다. 내가 대명에 들어가는 날 사졸을 거느리고 군영軍營에 임한다면 더욱 이웃으로서의 맹약盟約을 굳게 할 것입니다.(중략)' 쓰여 있었다."
>
> 『선조수정실록』 25권, 선조 24년(1591년) 3월 1일

1년 만인 1591년 3월에 귀국한 조선통신사는 바로 선조에게 접견 내용을 보고한다. 정사 황윤길은 "풍신수길

(도요토미 히데요시)은 담력이 있고 안광이 빛나 보인다"라며 침략 가능성을 시사했고 허성도 이에 동조했다. 하지만 부사 김성일의 의견은 달랐다. "풍신수길은 서목鼠目으로 두려워할 존재가 아니다"라고 말했다. 도요토미 히데요시는 쥐새끼 같은 눈을 하고 있으니 감히 조선을 침략할 만한 위인이 아니라는 말이었다. 황윤길은 서인, 김성일과 허성은 동인이었기에 당파 싸움의 결과는 아니었다. 반대의 의견이 담긴 보고를 받은 최종 결정권자 선조는 김성일의 말에 동의했고 조정의 대신들도 대체로 김성일의 말을 지지했다.

> "상이 하문하기를 '(풍신)수길이 어떻게 생겼던가?' 하니, 윤길은 아뢰기를 '눈빛이 반짝반짝하여 담과 지략이 있는 사람인 듯하였습니다' 하고, 성일은 아뢰기를 '그의 눈은 쥐와 같으니 족히 두려워할 위인이 못 됩니다'라고 하였다."
>
> 『선조수정실록』 25권, 선조 24년(1591년) 3월 1일

1392년 조선 건국 이후 200년간 큰 전쟁이 없는 평화

의 시대를 보내고 있었기에 국방력이 해이해진 상태에서 전쟁 준비는 정치적으로도 큰 부담이 되었다. 전쟁 준비에 대한 부담 때문이든, 판단력이 모자랐기 때문이든, 신하들의 분열 때문이든 선조의 잘못된 판단과 책임 회피로 조선은 곧 전쟁의 화마에 휩쓸리게 된다.

임진왜란의 발발

조선 조정의 대책 없는 낙관과 달리, 1592년 4월 도요토미 히데요시는 규슈의 나고야성에 16만 대군을 결집시키고 조선 침공을 명한다. 고니시 유키나가가 이끄는 선봉 부대가 4월 14일 부산진을 침공해 4월 15일에는 동래부사 송상현宋象賢이 동래성을 사수하다가 전사한다. 일본이 조선을 쳐들어온 명분은 정명가도征明假道, 명나라를 칠 테니 길을 빌려달라는 것이었는데 동래성 전투에서 군관민을 이끌었던 부사 송상현은 전사이가도난戰死易假道難, 싸워 죽기는 쉽지만 길을 빌려주기는 어렵다고 말하며 의연하게 저항하다가 죽음을 맞이한다.

"왜구가 침범해 왔다. 이보다 먼저 일본 적추賊會 평수길 平秀吉이 관백關白이 되어 여러 나라를 병탄하고 잔학하고 포악함이 날로 심했다. 그는 항상 중국이 조공을 허락하지 않은 것에 대해 앙심을 품고 일찍이 중 현소玄蘇 등을 파견하여 요동을 침범하려 하니 길을 빌려달라고 청했다. 우리나라에서 대의大義로 매우 준엄하게 거절하자 적은 드디어 온 나라의 군사를 총동원하여 대대적으로 침입해 왔다. (중략) 이튿날 동래부가 함락되고 부사 송상현이 죽었으며, 그의 첩도 죽었다. (중략) 2백 년 동안 전쟁을 모르고 지낸 백성들이라 각 군현들이 풍문만 듣고도 놀라 무너졌다."

『선조실록』 26권, 선조 25년(1592년) 4월 13일

『선조실록』에도 조선이 200년간 전쟁을 모르고 지낸 터라 전쟁에 대한 대비가 전혀 없었다고 적혀 있다. 조선 조정은 일본군의 침공에 우왕좌왕하다가 조선에서 가장 능력 있는 장수로 평가받았던 신립申砬 장군을 도순변사로 삼아 일본군의 북상을 막으려고 했다. 신립 장군은 충주 탄금대에 배수진을 쳤는데, 탄금대는 너른 들판이었

고 땅이 습했다. 그러다 보니 신립 장군이 이끌었던 기마병의 기동력을 발휘할 수 없었고 일본군의 신무기 조총이 활약하며 도망가지도 못하는 기마병을 조준했다. 전쟁에 패한 신립 장군은 달천에 투신해 자결한다.

신립 장군의 패전 소식이 전해지자 선조는 신하들을 불러 "과인이 빨리 수도를 떠나야 하지 않겠느냐?"라며 파천播遷을 결정한다. 신하 대부분은 눈물을 흘리며 파천의 부당함을 극언하였으나 영의정 이산해만은 조정에서 나와 승지 신잡申磼에게 옛날에도 피난한 사례가 있다고 선조의 의견에 동의하는 모습을 보였다.

> "충주에서의 패전 보고가 이르자 상이 대신과 대간을 불러 입대入對케 하고 비로소 파천에 대한 말을 발의하였다. 대신 이하 모두가 눈물을 흘리면서 부당함을 극언하였다."
>
> 『선조실록』 26권, 선조 25년(1592년) 4월 28일

> "이때 대신 이하 모두가 입시할 적마다 파천의 부당함을 아뢰었으나 오직 영의정 이산해만은 그저 울기만 하다가 나와서 승지 신잡에게 옛날에도 피난한 사례가 있다고

말했으므로 모두가 웅성거리면서 그 죄를 산해에게 돌렸다."

『선조실록』 26권, 선조 25년(1592년) 4월 28일

"이날 밤 호위하는 군사들은 모두 달아나고 궁문宮門에는 자물쇠가 채워지지 않았으며 금루禁漏는 시간을 알리지 않았다."

『선조실록』 26권, 선조 25년(1592년) 4월 29일

대신들의 반대에도 불구하고 선조는 피난길에 오른다. 4월 30일, 한양의 백성과 군사도 모두 도망가고 궁궐 문에는 자물쇠조차 채워져 있지 않았으며 그 모습을 슬퍼하듯 비가 내렸다. 왕과 세자는 말을 타고, 중전 등은 뚜껑이 있는 교자를 탔지만 홍제원에 이르러 비가 심해져 숙의 이하는 교자를 버리고 말을 탄다. 궁인들은 모두 통곡하며 걸어갔으며 종친과 문무관 수는 다 합쳐 100여 명이 되지 않았다. 왕의 피난길치고는 초라한 규모로 한양을 떠난 선조는 우선 평양으로 향한다.

한양을 버린 왕

왕이 한양을 버리고 피난을 떠났다는 소식이 전해지자 백성들은 엄청나게 분노해 공노비와 사노비의 문서를 맡았던 장례원掌隸院과 요즘으로 치면 법무부인 형조刑曹에 불을 지르고 이때 경복궁, 창덕궁, 창경궁까지 모두 불에 타버린다. 어떤 자료에서는 일본군이 궁을 불태웠다고도 하는데 많은 사료에서는 왕이 피난을 떠나던 날, 분노한 백성들이 왕을 상징하는 공간이자 거처했던 공간인 궁궐을 불태웠다고 전한다. 그만큼 많은 백성이 자신들을 지켜주기는커녕 수도와 백성을 버리고 도망가는 왕에게 분노했고, 이를 통해 당시의 민심을 읽을 수 있다.

> "도성의 궁성에 불이 났다. 왕의 가마가 떠나려 할 즈음 도성 안의 간악한 백성이 먼저 내탕고에 들어가 보물을 다투어 가졌는데, 이윽고 거가가 떠나자 난민亂民이 크게 일어나 먼저 장례원과 형조를 불태웠으니 이는 두 곳의 관서에 공사노비의 문서가 있기 때문이었다. 그러고는 마침내 궁성의 창고를 크게 노략하고 불을 질러 흔적을

없앴다. 경복궁, 창덕궁, 창경궁의 세 궁궐이 일시에 모두 타버렸다."

『선조수정실록』 26권, 선조 25년(1592년) 4월 14일

"임금의 행차가 성을 나서니 난민들이 맨 먼저 장례원과 형조를 불 질렀다. 이 두 곳에는 공사노비의 문서가 있는 까닭이다. 또 내탕고內帑庫에 들어가 금과 비단 같은 것을 끌어냈으며 경복궁, 창덕궁, 창경궁을 불 질러 하나도 남겨두는 것이 없었다. 역대로 내려온 보화, 귀중품과 문무루文武樓와 홍문관에 쌓아둔 서적, 승문원 일기가 모두 타버렸다.『서애집』"

『연려실기술』 15권, 선조조 고사본말

유성룡이 쓴 『징비록』에도 "경복궁 앞을 지나갈 무렵 양쪽에서 백성들의 통곡 소리가 요란했다"라거나 "돈의문을 지나 사현(지금의 홍제동) 고개에 닿을 무렵 동이 트기 시작했다. 머리를 돌려 성안을 바라보았더니 남대문 안의 커다란 창고에 불이 나 연기가 하늘로 치솟고 있었다"라고 기록되어 있다.

선조는 도성을 떠나 저녁 무렵에 임진강 나루에 도착했다. 임진강 뱃길을 이용해 평양으로 가기 위해서였다. 선조가 이곳에서 통곡했다는 기록도 있다. 한 나라의 왕이 백성들의 비난을 받으며 도망가는 처지가 비참하고도 괴로웠던 게 아닐까. 하지만 그 와중에도 선조는 왜군이 따라오지 못하도록 배를 가라앉혀 버렸다.

"저녁에 임진강 나루에 닿아 배에 올랐다. 상이 시신侍臣들을 보고 엎드려 통곡하니 좌우가 눈물을 흘리면서 감히 쳐다보지 못하였다. 밤은 칠흑같이 어두운데 한 개의 등촉燈燭도 없었다. 밤이 깊은 후에 겨우 동파東坡까지 닿았다. 상이 배를 가라앉히고 나루를 끊고 가까운 곳의 인가人家도 철거시키도록 명했다. 이는 적병이 그것을 뗏목으로 이용할 것을 염려한 때문이었다. 백관들은 굶주리고 지쳐 촌가村家에 흩어져 잤는데 강을 건너지 못한 사람이 반이 넘었다."

『선조실록』 26권, 선조 25년(1592년) 4월 30일

"이때 어가가 개성에 이르니 백성들이 모여 혹은 통곡하

고 혹은 눈물을 흘렸다. 그중 뚝뚝하고 무식한 부류들은 큰 소리로 '상감이 백성은 생각하지 않고 오직 후궁들만 부유하게 해주고 김공량金公諒을 총애하여 제일 계책을 삼다가 오늘 이 지경에 이르렀으니 어찌 공량을 시켜 적을 토벌하지 않으십니까' 하고, 임금을 향해 돌을 던진 사람이 있어도 시위侍衛하는 인원이 적고 병력이 약해서 막지 못하였다. 공량이 당시에 원망을 산 것을 알 수 있다.『공사견문』"

『연려실기술』 15권, 선조조 고사본말

명나라로 도망가려고 했던 선조

한양을 떠난 이후에도 선조의 피난길은 시련의 연속이었다. 5월 1일, 개성에 도착한 선조는 임진강 방어에 총력을 기울인다. 하지만 임진강 방어선도 무너지고 선조의 피난길은 더욱 빨라진다. 5월 4일에는 황해도 평산, 5월 5일에는 봉산을 거쳐, 5월 7일에는 평양에 도착한다. 유성룡과 이원익 같은 신하들은 평양에서 성을 사수하고자 했지만 선조는 평양성에 있다가 죽을 수는 없다며 의주로 가는 피난길을 재촉한다. 더 위급한 상황이 발생하면 명나라로 망명하겠다는 뜻도 있었다.

결과적으로 선조는 명나라로 가지는 못했다. 명나라에서 선조가 오는 것을 막았기 때문이다. 선조가 명나라로 오면 전쟁이 중국까지 확산되기 때문에 명나라에서는 그것은 막아야만 했다. 조선으로서는 무척 굴욕적인 상황이었다. 명나라는 원군을 보내 조선을 도와줄 계획은 있었지만 가장 큰 목표는 전쟁이 조선 내에서 끝나는 것이었다.

선조가 의주로 가겠다는 말에, 남인 유성룡과 서인 윤두수는 당색을 벗어나 선조의 뜻에 반대한다. 유성룡은 "평양은 앞에는 강이 가로막고 있고 백성들도 굳은 다짐을 하고 있으며, 명나라와 가까워 며칠 동안만 버티면 반드시 명의 구원군이 도착할 것"이라며, 선조가 의주로 향한다면 "의지할 만한 터전이 없어지고 이는 곧 나라의 멸망으로 이어질 것"이라고 눈물로 호소했다.

반면 정철은 선조의 피난을 강하게 찬성한다. 정철은 예전에 건저의사건建儲議事件, 즉 세자를 세우자고 해서 관직에 쫓겨났었는데, 선조의 부름을 받아 돌아와 있는 상태였다. 선조는 정철이 마음에 드는 의견을 내자 믿을 만한 신하는 정철밖에 없다고 말한다. 이에 윤두수는 의주 피난을 찬성하고 나선 정철을 겨냥해 "내가 칼을 빌어 아첨하는 신하를 베고 싶어라"라는 시를 읊을 정도였다. 일본군의 진격에 생명의 위기를 느낀 선조의 마음은 확고했다. 6월 11일, 선조는 영변을 향해 길을 떠나고, 이원익과 김명원 등의 항전에도 불구하고 평양성은 일본군의 수중에 떨어진다.

"8일에 적의 선봉이 대동강가에 이르렀다. 임금이 드디어 떠날 준비를 하라고 명하여 재신宰臣 노직이 종묘와 사직의 신주를 모시고 먼저 떠나니 아전과 백성들이 원망하고 격분해서 폭동을 일으켜 창과 칼로 마구 쳐서 종묘와 사직의 신주가 땅에 떨어졌다. 폭도들은 재신들을 보고 큰소리로 욕하기를 '너희들은 평일에 국록을 도적질해 먹고 국사를 그르쳐 이 지경이 되게 하지 않았는가. 성을 버리고자 하면서 우리를 속여 성안에 들어오게 하여 적의 손에 어육이 되게 하는가' 하여 거의 궁문에까지 와서 소란을 피울 기세였다. 감사 송언신이 주동자 세 사람을 베니 나머지는 흩어졌다."

『연려실기술』 15권, 선조조 고사본말

 선조가 평양을 떠날 때도 한양을 떠날 때와 비슷한 상황이 벌어진다. 분노한 백성들이 시위를 일으키며 창과 칼로 종묘와 사직의 신주를 마구 치고 "왕이 성을 버리고 도망가면서 우리는 성안에 들어오라고 하다니! 우리보고 적의 칼에 죽으라는 것이냐!"라면서 분노한다. 『징비록』을 보면, 유성룡이 분노한 백성들을 달랬다는 기록이 있다.
 선조의 피난길은 비겁하고도 비참했다. 왜군의 침략에 지도자로서 앞장서서 적극적으로 대응하기는커녕 북쪽으로, 북쪽으로 계속 도망간다. 백성들에게는 왕이 도망가는 뒷모습만 보여주니 왕에 대한 기대와 신뢰는 한없이 무너질 수밖에 없었다. 그리고 그 이미지는 지금까지도 선조라는 인물을 그리는 데 뿌리 깊게 새겨지고 말았다.

4. 악인과 암군 사이

빠른 속도로 쳐들어오는 일본군의 공격, 압록강을 건너 중국 땅으로 넘어오지 못하게 하는 명나라, 아직 세자조차 정하지 못한 불안한 상황에 위기의식을 느낀 선조는 만약 자신이 화를 당하면 왕조가 끊어질 수 있다는 걱정과 책임을 나누고 보은 마음에 광해군의 세자 책봉을 서두른다. 그리고 1592년 6월 14일, 조정을 둘로 나누는 분조를 실시해 자신이 있는 대조는 의주에서 안전하게 피난 생활을 하고 광해군이 있는 소조는 자신 대신 의병을 모집하며 평안도, 황해도, 강원도 등 전국을 누비게 했다.

피난을 떠난 선조, 의병을 모집한 광해군

 선조는 광해군의 분조를 평안북도 강계로 향하라 명하고, 영의정 최흥원, 병조판서 이헌국, 우찬성 정탁, 부제학 심충겸 등 열다섯 명의 대신으로 하여금 광해군을 수행하게 했다. 광해군의 분조는 6월 14일에 영변을 떠나 맹산, 양덕, 곡산 등을 거쳐 7월 9일에 강원도 이천伊川에 도착했고 이곳에서 20일 동안 머물렀다. 여름철이어서 자주 비가 내렸고 준비를 완벽하게 갖추지 못했던 광해군 일행은 민가에서 자거나 노숙할 정도였다.

 정탁이 쓴 「피난행록」에 광해군의 분조 활동이 기록되어 있는데, 멀리 피난 간 선조의 모습, 젊은 나이에도 왕을 대신해 일본군에 대항했던 광해군의 모습이 비교된다. 7월 17일의 기록에는 "평양을 지키지 못한 이후부터 온 나라 백성들이 대가大駕가 있는 곳을 알지 못하여 크게 우러러 전하를 사모하고 슬퍼하고 있다가, 동궁께서 오셨다는 소식을 듣고 인심이 기뻐하며 마치 다시 살아난 것 같았습니다. 도망쳤던 수령들도 점차 관직으로 돌아오고 호령 역시 행하여져 회복의 기회가 조금씩 가망이 있습니다"라고 적혀 있으며, 7월 27일의 기록에도 "경기도 의병들이 곳곳에서 봉기하여 서로 앞을 다투어 적을 잡아서 적세가 조금씩 꺾이고 있습니다"라고 적혀 있다.

자신의 안위만을 살피며 언제라도 중국으로 도망가고자 의주에서 몸을 사리던 선조와 달리, 풍찬노숙風餐露宿에도 불구하고 의병을 독려하는 세자 광해군의 모습은 백성들에게 깊은 감명을 주었다.

분조가 적극적인 항전 활동을 하고 의병이 일어나 일본군의 기세가 꺾이던 중 드디어 명나라 원병이 도착했고, 1593년 1월 8일 조명 연합군이 평양성을 수복했다. 평양성이 수복되자 더 이상 분조가 필요하지 않다고 판단한 선조는 광해군에게 대조와 분조를 합할 것을 명했다. 비록 7개월의 기간이었지만, 7년간의 임진왜란 동안 가장 격전이 벌어졌던 시기가 1592년 4월부터 1593년 4월까지의 1년여임을 감안하면 분조는 가장 중요한 시기에 왕을 대신해 중요한 활약을 했음을 알 수 있다.

1593년 1월, 평양성 공방전을 대승으로 이끌면서 조선은 일본군을 몰아내는 데 성공했다. 평양성 전투의 승리는 전쟁의 상황을 수세에서 공세로 전환시키는 결정적인 전투라는 점에서는 6.25전쟁 때 인천상륙작전과 비교되는 부분이 많다. 평양성 전투 이후 일본군을 추격하는 과정에서 일어난 벽제관 전투에서는 패배를 당하기도 했으나, 1593년 3월 권율權慄이 지휘하는 행주산성 전투에서의 승리로 마침내 조선군은 일본군에 빼앗겼던 한양을 1년여 만에 수복하는 전과를 올린다.

권율과 승려 처영處英 등은 행주산성 전투에서 대승을 거두었는데, 행주산성 전투에는 변이중邊以中이 만든 화차와 비격진천뢰, 총통銃筒 등의 화약무기가 동원돼 화력으로 일본군을 압도했다. 행주치마에 돌을 담아 나른 부녀자들까지 협력하면서 조선군의 사기를 크게 높였다.

행주대첩에서 사기를 잃은 일본군은 철수를 서둘렀고, 이보다 앞서 이루어진 8월 회담으로 평양 북방에 말뚝을 세워 이를 경계로 한다는 협상이 타결되었다. 1593년 3월 용산회담의 결과, 왜적은 한양에서 남해안으로 철수하고 포로가 된 임해군, 순화군 두 왕자를 돌려보냈다. 이후에는 명과 일본 사이에 휴전 협상이 3~4년간 전개되는데, 이 또한 6.25전쟁을 떠올리게 한다.

치열하게 전개되던 전쟁은 강화회담으로 일단 소강상태에 접어든다. 일본군은 완전히 철수하지 않고 울산, 진해, 순천 등 남해안의 요충지에 왜성을 쌓고 방어 태세를 갖추었다. 현재 울산의 서생포 왜성과 순천 왜성에는 일본이 우리나라 백성을 착취해 건설한 천수각 등의 원형이 남아 있어 당시 일본군의 주둔 모습을 가늠할 수 있다.

그러나 일본군과 명군 사이의 강화 협상은 양국의 조건이 맞지 않아서 결렬되었고, 1597년 도요토미 히데요시는 다시 한번 대대적인 조선 침략을 명한다. 정유재란丁酉再亂의 발발이었다. 정유재란 시기 일본은 이중간첩 요시라를 동원해 선조와 이순신 사이를 이간질했다. 결국 이순신은 왕명을 거역했다는 이유로 삼도수군통제사에서 해임된 후 1597년 2월 의금부에 투옥되었다. 다행히 4월 1일에 석방되었지만, 원래의 자리를 되찾지 못하고 백의종군의 길을 걷게 되었다.

이순신을 대신해 삼도수군통제사에 오른 원균은 1597년

7월 칠천량 해전에서 참패를 당했고, 거북선과 판옥선이 크게 손실되었다. 1597년 8월, 삼도수군통제사로 복귀한 이순신은 9월 16일 진도와 해남 사이를 흐르는 좁은 해협인 명량해협에서 열세 척의 판옥선으로 열 배가 넘는 일본 군선을 물리치는 기적적인 승리를 거두었다.

1598년 8월, 전쟁을 일으킨 장본인 도요토미 히데요시가 사망하자, 일본에서는 전군의 철수 명령을 내린다. 하지만 이순신은 퇴로를 열어달라는 일본의 요구를 묵살하고 마지막까지 추격에 나섰고, 1598년 11월, 이순신은 노량 앞바다에서 장렬히 전사했다. 이순신 장군의 활약상은 2014년 〈명량〉에 이어, 2022년 〈한산〉, 2023년 〈노량〉 3부작 영화로 제작되어 국민들의 관심을 끌었다.

임진왜란 초반, 제대로 된 공격 체계를 지휘하지 못하고, 방어 체계도 구축하지도 못한 선조는 4월 30일 한양을 떠나 평양으로 향했다. 6월 11일에는 평양성마저 버리고 의주로 도망가면서 백성들뿐만 아니라 유성룡, 윤두수 등 측근 신하들의 신뢰마저 잃게 되었다. 하지만 의병들과 권율 장군, 이순신 장군 등의 활약으로 조선은 일본군을 몰아내고 임진왜란에서 승리를 거둘 수 있었다. 하지만 그 과정에서 많은 백성이 생명과 가족과 재산을 잃었으며 그 고통은 뿌리 깊게 남았다.

한편 조정을 지켜야 한다는 최소한의 의지에서 만든 분조는 광해군이라는 세자의 부상을 가져왔다. 도망친 왕과 달리 백성들 앞에서 싸우는 광해군의 모습은 백성들에게 미약하나마 희망을 꿈꾸게 했다. 하지만 백성들에게 희망을 전해주었던 광해군의 모습은 선조에게 질투와 의심을 불러와 선조는 죽기 직전까지도 아들 광해군에 대한 견제를 그치지 않았다.

> "10월에 상소를 올려 말하는 이가 있었는데 '전하께서는 이미 인심을 많이 잃어서 오늘날과 같은 사태가 있게 되었으니, 세자에게 어찌 빨리 전위하지 않으십니까. 온 나라의 인심이 조금이라도 위로가 되어 즐거운 마음이 생긴다면 적군이 아마도 평정될 것이옵나이다' 하였다."
>
> 『연려실기술』 17권, 세자의 분조 무군撫軍

1598년 임진왜란이 끝난 후 1602년에 선조는 인목왕후를 계비로 맞이했고, 1606년에 염원하던 적자 영창대군을 얻었다. 선조는 마음에 들지 않았던 광해군 대신 염원하던 적자인 영창대군을 후계자로 지명하고 싶어 했고, 그 뜻에 따라 영창대군을 지지하는 세력이 모인다. 영창대군을 지지하는 세력을 소북, 광해군을 지지하는 세력을 대북이라고 하는데, 결과적으로는 선조가 쉰일곱이 되는 1608년에 죽음을 맞이하며 광해군이 왕위에 오른다. 아마 영창대군이 어느 정도 성장했을 때까지 선조가 살아 있었다면 광해군은 왕이 되지 못했을 것이다.

판단력의 부재에 이은 불합리한 논공행상

후대에서 선조에게 박한 평가를 내리는 것은 임진왜란에 어떻게 대응했느냐만이 아니라, 전란 내내 임진왜란의 승리에 가장 큰 공을 세웠던 이순신에게 인색한 평가를 내리거나 질투하는 모습을 보였기 때문이다.

"정원에 전교하기를 '원균과 이억기는 이순신과 공이 같은 사람들이다. 품계를 높여 주고 글을 내려 아름다움을 포장하라' 하였다."

『선조실록』 30권, 선조 25년(1592년) 9월 1일

"상이 이르기를 '이순신이 혹시 일을 게으르게 하는 것이 아닌가?' 하니, 성룡이 아뢰기를 '만약 이순신이 아니었다면 이만큼 되기도 어려웠을 것입니다. 수륙水陸의 모든 장수 중에 순신이 가장 우수합니다'라고 하였다."

『선조실록』 54권, 선조 27년(1594년) 8월 21일

"비변사가 아뢰기를 '이순신과 원균은 본래 사이가 좋지 않아 서로 헐뜯고 있습니다. 만일 율로 다스린다면 마땅히 둘을 다 죄주어 내쳐야 할 것입니다. (중략) 어떻게 처리해야 하겠습니까?' 하니, 답하기를 '나의 생각에는 이순신은 대장으로서 하는 짓이 잘못된 것 같으니, 그중 한 사람을 체직시키지 않을 수 없다. 혹 이순신을 체차할 경우는 원균으로 통제사를 삼을 수 있거니와, 혹 원균을 체차할 경우는 다른 사람을 차출해야 할 것이니, 참작해서 시행하라' 하였다."

『선조실록』 58권, 선조 27년(1594년) 11월 28일

이순신은 자원과 물자가 열악한 전쟁터에서 세계 전쟁 역사에 길이 남을 만한 공을 세웠지만 선조는 이순신의 공로를 인정하지 않는 모습을 보인다. 오히려 무능력의 대명사가 된 원균을 이순신보다 높이려고 하는 모습이 실록에 기록되어 있다. 원균과 이순신이 똑같이 공을 세웠다고 말하거나 이순신이 게으르게 일하는 것이 아니냐는 의심을 보인다.

그런 의심과 질투는 임진왜란이 끝난 이후 공을 논해서 상을 주는 논공행상論功行賞까지 이어진다. 전쟁에 기여했던 선무공신宣武功臣 열여덟 명 중 1등 공신으로 이순신, 권율, 원균을 정한다. 당시에도 원균에게는 1등 공신을 주기에 문제가 많다고 했음에도 선조가 고집을 꺾지 않아 원균을 포함시킨다.

"상이 이르기를 '이순신은 처음에는 힘껏 싸웠으나 그 뒤에는 작은 적일지라도 잡는데 성실하지 않았고, 또 군사를 일으켜 적을 토벌하는 일이 없으므로 내가 늘 의심하였다. 동궁東宮이 남으로 내려갔을 때에 여러 번 사람을 보내어 불러도 오지 않았다' 하자, 김응남이 아뢰기를

'원균이 당초에 사람을 시켜 이순신을 불렀으나 이순신이 오지 않자 원균은 통곡을 하였다 합니다. 원균은 이순신에게 군사를 청하여 성공하였는데, 도리어 공이 순신보다 위에 있게 되자, 두 장수 사이가 서로 벌어졌다 합니다' 하니, 상이 이르기를 '이순신의 사람됨으로 볼 때 결국 성공할 수 있는 자인가? 어떠할는지 모르겠다' 하였다."

『선조실록』 76권, 선조 29년(1596년) 6월 26일

"비망기로 이르기를 '원균을 2등에 녹공해 놓았다마는, 적변이 발생했던 초기에 원균이 이순신에게 구원해 주기를 청했던 것이지 이순신이 자진해서 간 것이 아니었다. 왜적을 토벌할 적에 원균이 죽기로 결심하고서 매양 선봉이 되어 먼저 올라가 용맹을 떨쳤다. 승전하고 노획한 공이 이순신과 같았는데, 그 노획한 적괴賊魁와 누선樓船을 도리어 이순신에게 빼앗긴 것이다. (중략) 나는 원균이 지혜와 용기를 구비한 사람이라고 여겨왔는데, 애석하게도 그의 운명이 시기와 어긋나서 공도 이루지 못하고 일도 실패하여 그의 역량이 밝혀지지 못하고 말았다.

오늘날 공로를 논하는 마당에 도리어 2등에 두었으니 어
찌 원통하지 않겠는가. 원균은 지하에서도 눈을 감지 못
할 것이다' 하였다."

『선조실록』 163권, 선조 36년(1603년) 6월 26일

선조는 임진왜란 때 도망가기에 바빴던 자신과 달리 목숨을 걸고 싸워 전쟁 영웅으로 자리 잡은 이순신을 견제하기 위해 그 공을 깎아내리고 원균에게 공치사하는 등 속 좁은 모습을 보인다. 『선조실록』에서도 이순신이 작은 적을 잡는 데는 성실하지 않았다거나 군사를 일으켜 먼저 적을 토벌하지 않았다며 의심한다. 선조는 원균을 2등 공신으로 하면 너무 원통한 일이라며 그가 공을 이루지 못하고 실패했음을 알면서도 이순신을 견제해 1등 공신으로 책봉한다.

"서울에서 의주까지 시종始終 거가車駕를 따른 사람들을 호성공신으로 하여 3등급으로 나누어 차등이 있게 명칭을 내렸고, 왜적을 친 제장諸將과 군사와 양곡을 주청奏請한 사신使臣들은 선무공신으로 하여 3등급으로 나누

어 차등이 있게 명칭을 내렸고, (중략) 호성공신은 모두 86인인데 내시內侍가 24명, 이마理馬가 6명, 의관이 2명이고, 별좌別坐와 사알司謁이 또 2명이다. 선무공신 1등은 이순신, 권율, 원균 (중략) 모두 18인이다."

『선조실록』 163권, 선조 36년(1603년) 6월 26일

공신 책봉은 이 외에도 문제가 많았다. 임진왜란의 승리에 공을 세운 선무공신이 열여덟 명인데, 선조가 서울에서 의주까지 피난 가는 데 함께 따른 호성공신扈聖功臣이 무려 86명이었다. 호성공신에는 의주에서 선조 곁을 지킨 사람, 말을 끈 사람, 의관, 내시까지 포함된다. 큰 공을 세운 곽재우나 여러 의병장들은 공신으로 책봉되지조차 못했다.

리더는 논공행상 또는 신상필벌信賞必罰이 정확해야 한다. 선조는 그 부분에서조차 진정한 리더의 모습을 보여주지 못했다. 자신을 호위해 안전한 곳에 있던 사람들은 대거 공신으로 만들어주고 정작 목숨을 걸고 전쟁에서 활약한 영웅에게는 인색한 모습을 보여주니 후대가 선조를 평가하기에 부정적일 수밖에 없는 것이다.

"임진년에 임금이 서쪽으로 피난 가니, 나라 안이 텅 비고 적군이 가득히 찼다. 호령이 행해지지 않아서 거의 나라가 없어진 지 한 달이 넘었을 때에 영남의 곽재우, 김면과 호남의 김천일, 고경명과 호서의 조헌 등이 앞장서서 의병을 일으키고 원근에 격문을 전하니, 이로부터 백성들이 비로소 나라를 받들려는 마음이 있게 되었고 고을의 선비들은 곳곳에서 군사를 모집하였다. 의병장으로 호칭하는 자가 무려 백 명이나 되었으며 왜적을 섬멸하고 국가를 회복한 것은 바로 의병의 힘이었다. 난리가 평정된 뒤에는 모두 군공軍功으로써 대오를 만들어 혹은 바다 진에 나누어 보내어 지키게 하기도 하고, 혹은 서울에 번으로 올라오게 하였으므로 그 원망과 괴로움이 극도에 달하였다. 납속納粟한 사람까지도 모두 병역을 면치 못하였으니, 다만 백성을 속이고 신망을 잃었을 뿐만 아니라 후에 일이 생겨도 반드시 도움을 받지 못하게 될 것이다.『지봉유설』"

『연려실기술』 17권, 의병의 총론

더구나 곽재우 같은 의병장은 공을 인정받지도 못했을

뿐더러 오히려 조정의 감시 대상이 된다. 조정에서는 "저 곽재우 같은 인물은 우리 조정에 잘못된 상황이 있으면 우리에게도 칼을 들이댈지 모른다"라며 감시의 눈을 떼지 않았고, 결국 곽재우는 말년에 관직 생활을 청산하고 조용히 살아가게 된다.

전라도 지역에서 활약했던 의병장 김덕령郭再祐은 역모 사건에 연루되어 처형되었다. 현종 때 신원되었으며 시호는 충장忠壯이다. 광주광역시에 있는 충장로라는 도로명만이 아직까지 김덕령 장군을 기리고 있다.

선조의 불합리한 판단은 정유재란까지 이어진다. 일본은 이중간첩을 동원해 조선 조정을 농락했고 간첩의 가짜 정보를 제대로 판단하지 못한 선조는 이순신에게 출정을 명한다. 이순신은 가짜 정보의 허점을 간파하고 출정했다가는 크게 패배한다고 반대했으나 선조는 출정을 고집한다.

이순신은 고민 끝에 출정하였으나 원균의 모함과 조정의 견제, 선조의 분노 등의 이유로 관직에서 쫓겨나고 의금부에 투옥된다. 이순신은 모진 고문 끝에 겨우 구명이 되지만 그사이 어머니가 돌아가시고 합천까지 백의종군

白衣從軍, 즉 아무런 직책 없이 흰옷을 입고 군대를 따라가야 하는 고난을 겪었다. 지금 종각역 의금부 자리에서부터 이순신 장군의 백의종군길이 시작된다는 표지석이 남아 있다.

선조는 많은 방계 출신 왕자 중에서도 명석함으로 왕의 자리에 올랐고, 집권 초기에는 사림파를 등용하며 적극적인 인재 등용에 힘썼다. 이이, 유성룡, 이항복, 이덕형 등 인재와 함께 조선의 학문과 문화를 융성하게 만든 공도 분명히 있다. 하지만 사림파의 등용은 당쟁의 시작이 되었으며, 문을 중시한 나머지 국방이나 국외 정세를 파악하지 못했고 두 번의 왜란에도 제대로 대응하지 못했다. 다행히 백성과 의병, 장군들의 힘으로 승리를 거두었으나 그 과정에서 본인의 안위만을 챙기는 모습을 보였고 전쟁 후 상벌에도 공정하지 못했기에 선조에 대한 평가는 박할 수밖에 없다.

선조가 인재 등용에 적극적이면서 당쟁도 미리 방지할 수 있었다면 어땠을까? 선조가 일본의 동태를 제대로 단단하고 전쟁을 대비할 수 있었다면 어땠을까? 선조가 의주로 피난 가지 않고 일본군에게 맞서 싸웠다면 어땠을까? 선조가 이순신이나 곽재우 같은 전쟁 영웅을 제대로 대우하고 기용했으면 어땠을까? 선조 시대의 많은 순간에 이런 가정을 하게 만드는 걸 보면 선조의 시대는 분명 아쉬움을 남긴다.

4부

조선의 암흑기,
굴욕의 왕 인조

인조는 명분만을 중시하는 고루한 사상으로
피할 수 있었던 전쟁을 두 번이나 치렀다.
왕 또한 수모를 당하기는 했지만 백성들의 치욕은
말로 다할 수 없을 정도였다.
수많은 조선인이 포로로 끌려가 노예 시장에서 팔렸고,
가족과 재산과 땅을 빼앗겼다.
많은 여성이 청나라에 끌려갔다가 겨우겨우 돌아왔을 때는
환향녀라고 불리며 자살을 종용당할 정도로 치욕을 당했다.
두 번의 호란은 조선 땅에 큰 생채기를 남기며
후대에도 쉽게 벗어날 수 없는 내리막길을 향하게 한다.

1

인조반정의 준비와 명분

조선 시대에는 두 차례의 반정反正이 있었다. 쿠데타와는 달리 옳지 못한 임금을 폐위하고 나라를 바로잡기 위해 새 임금을 세우는 일을 반정이라 하는데, 1506년 9월에 연산군을 폐위하고 중종이 왕위에 오른 중종반정, 1623년 3월에 광해군을 폐위하고 인조가 왕위에 오른 인조반정이 조선 시대의 반정이다. 두 번의 반정은 비슷하면서도 큰 차이가 존재한다. 중종반정으로 왕이 된 진성대군, 즉 중종은 반정에 직접 참여하지 않고 추대된 왕이지만 인조반정으로 왕이 된 능양군, 즉 인조는 직접 반정 세력을 규합해 병력을 거느리고 적극적으로 주도했다. 그렇다면 왜 인조는 위험을 무릅쓰고 직접 반정에 참여했을까? 광해군과의 악연이 큰 작용을 했기 때문이다.

광해군에게 불만을 품은 능양군

조선의 16대 왕 인조는 1595년에 정원군定遠君의 장남으로 태어나 능양군綾陽君이라는 이름을 받았다. 정원군은 선조의 다섯째 아들로 선조가 가장 총애하던 후궁 인빈 김씨와의 사이에서 태어났다. 정원군은 인헌왕후仁獻王后 구씨와 결혼해 능양군과 능원군綾原君, 능창군綾昌君 등 세 아들을 두었다.

선조의 끊임없는 견제와 의심으로 왕위가 불안했던 광해군은 즉위 초반에 형 임해군을 처형하고, 1613년에는 동생인 영창대군을 죽이면서 경쟁자들을 하나씩 제거해 나갔다. 1615년에는 신경희 등이 인조의 동생 능창군을 왕으로 추대한다는 고변으로 능창군은 교동도로 유배되었다가 스스로 목숨을 끊었다. 정원군 또한 화병으로 말미암아 죽음을 맞는다.

광해군은 풍수지리설을 맹신했는데, 인왕산 자락, 지금의 새문동에 왕의 기운이 서려 있다는 소문을 철석같이 믿었다. 광해군은 그곳에 살고 있던 정원군의 집을 빼앗아 관청을 만들고 새로운 궁궐 경덕궁을 짓기도 했다. 결과적으로 광해군은 무리한 토목 공사로 국고를 탕진하고 백성들의 인망을 잃고 왕위에서 쫓겨나게 된다.

이렇듯 인조는 광해군 정권에서 부친의 집을 잃고, 역모 혐의로 동생이 죽고, 끊임없는 견제에 시달리다가 부친 또한 화병으로 죽고, 자신도 언제든 위해를 당할 수 있다고 판단했기에 적극적으로 반정에 참여하게 되었다.

"상이 의병을 일으켜 왕대비를 받들어 복위시킨 다음 대비의 명으로 경운궁에서 즉위하였다. 광해군을 폐위시켜 강화江華로 내쫓고 이이첨 등을 처형한 다음 전국에 대사령을 내렸다. (중략) 상이 윤리와 기강이 이미 무너져 종묘사직이 망해가는 것을 보고 개연히 난을 제거하고 반정할 뜻을 두었다. 무인 이서李曙와 신경진申景禛이 먼저 대계大計를 세웠으니, 경진 및 구굉具宏, 구인후具仁垕는 모두 상의 가까운 친속이었다. 곧 전 동지同知 김류金瑬를 방문한 결과 말 한마디에 서로 의기투합하여 드디어 추대할 계책을 결정하였으니, 곧 경신년(1620년, 광해 12)이었다."

『인조실록』 1권, 인조 1년(1623년) 3월 13일

『인조실록』에도 인조가 직접 반정에 참여했음이 기록되어 있다. 당시 왕실 최고 어른은 광해군의 새어머니이자 역모 혐의로 목숨을 잃은 영창대군의 어머니 인목왕후였다. 역모를 꾸몄다는 혐의로 영창대군과 인목왕후의 아버지인 김제남이 처형된 뒤 인목왕후는 서궁에 유폐되었는데, 인조는 가장 먼저 유폐되어 있던 인목왕후를 복위시킨 다음 옥새를 받아 지금의 덕수궁인 경운궁 즉조당에서 즉위식을 올렸다.

능양군, 왕위에 오르다

"상이 친병親兵을 거느리고 나아가 연서역延曙驛에 이르러서 이서李曙의 군사를 맞았는데, 사람들은 연서를 기이한 참지讖地로 여겼다. 장단의 군사가 7백 여 명이며 김류, 이귀, 심기원, 최명길, 김자점, 송영망, 신경유 등이 거느린 군사가 또한 6백에서 7백여 여 명이었다. 밤 3경에 창의문에 이르러 빗장을 부수고 들어가다가, 선전관宣傳官으로서 성문을 감시하는 자를 만나 전군前軍이 그를 참수하고 드디어 북을 울리며 진입하여 곧바로 창덕궁에 이르렀다. (중략) 호위군은 모두 흩어지고 광해는 후원문後苑門을 통하여 달아났다. 군사들이 앞을 다투어 침전으로 들어가 횃불을 들고 수색하다가 그 횃불이 발簾에 옮겨붙어 여러 궁전이 연소하였다."

『인조실록』 1권, 인조 1년(1623년) 3월 13일

인조는 현재의 은평구에 속하는 연서역에서 군사를 일으키고, 장단의 군사 700여 명, 김류, 김자점 등이 거느린 군사 600~700여 명과 함께 인근의 홍제천에서 칼을 씻

으며 결의를 다졌다. 반정 세력이 이곳에서 칼을 씻었다는 데서 세검정洗劍亭이라는 지명이 유래했다. 1623년 3월 12일 밤 12시경 최명길, 김자점, 심기원 등이 군사를 이끌고 서울의 북소문인 창의문彰義門에 이르렀다. 빗장을 부수고 들어간 반정군은 금부도사와 선전관을 육조 앞길에서 베고 곧바로 창덕궁에 이르러 돈화문을 도끼로 찍어 버렸다. 금호문은 쉽게 열렸고 반정군은 전각에 불을 지르며 광해군의 침소를 급습했다. 반정 세력은 창덕궁 안 함춘원 나무에 불을 질러 반정 성공의 신호로 삼았는데, 만약 불길이 치솟지 않으면 가족들에게 자결하라고 했다는 이야기도 전해진다.

왜 광해군은 아무런 대응도 하지 못하고 맥없이 반정 세력에게 체포되고 말았을까? 광해군의 체포에는 이흥립이라는 훈련대장이 큰 역할을 했다. 이흥립은 수도의 수비를 책임지는 훈련도감訓鍊都監의 대장으로 반정 세력을 제압하기는커녕 오히려 반정 세력에게 매수당해 군사를 움직이지 않았다. 덕분에 반정 세력은 손쉽게 궁궐 안으로 진입해 반정에 성공했다.

하지만 반정 과정은 순탄하지만은 않았다. 반정 세력의

대장으로 임명된 김류金瑬가 제시간에 합류하지 않아 거사가 지연되기도 했다. 김류는 자신들의 역모가 탄로 났다고 생각해 고민하고 있었는데, 심기원, 원두표 등이 김류를 찾아가 간곡히 부탁한 덕에 겨우 거사에 참여한다. 김류가 늦어지면서 반정군의 총사령관으로 임명된 인물이 이괄李适로 김류가 등장하자 이괄의 임명은 없던 일이 되어버렸다. 이것이 1624년 이괄의 난의 원인이 된다.

2　잘못된 시작, 이괄의 난

　반정은 성공했고 무사히 광해군을 쫓아내고 인조가 왕위에 올랐지만, 조정을 휩쓴 풍파는 끝나지 않았다. 반정의 후폭풍이 강하게 밀려왔기 때문이다. 그리고 이 또한 인조를 혼군이라 판단하는 근거가 되기도 한다.

　왕의 아들로 태어나 정당하게 왕이 되거나 선왕의 유지에 따라 왕위에 오른 것이 아니기 때문인지, 인조는 왕이 된 후에 많은 신하의 반대에도 불구하고 아버지 정원군을 왕으로 추존하는 데 집착한다. 광해군의 아버지인 선조도 아버지가 왕이 아니었지만 굳이 아버지를 왕으로 추존하지 않고 덕흥대원군으로만 추존했다. 하지만 인조는 아버지를 정원대원군으로 추존하는 데서 그치지 않고 왕으로 추존해 자신의 위상과 정통성을 확립하고자 했다.

반정에 성공하고 난 후에는 선왕의 폐해를 바로잡고, 민생 문제를 해결하고, 국고를 다시 채우고, 국경과 수비를 다지는 등 해야 할 일이 많은데도 불구하고 인조는 정통성에만 매달린 것이다. 결국 인조는 1632년 정원군을 원종元宗으로, 어머니를 인헌왕후로 추승하고 능호를 장릉章陵이라 했다.

즉위하자마자 시작된 피의 숙청

"폐세자廢世子 이지李祬가 위리안치된 상황에서 땅굴을 70여 척이나 파 울타리 밖으로 통로를 낸 뒤 밤중에 빠져나가다가 나졸에게 붙잡힌 사실을 강화부사 이중로

李重老가 치계하여 보고하였다. (중략) 폐세자 지가 체포된 지 3일째에 폐빈이 스스로 유배지에서 목을 매어 목숨을 끊었는데, 호조로 하여금 옷과 이불을 보내게 하여 염습하고 여가閭家에 옮겨 빈소殯所를 차리게 하였다."

『인조실록』 2권, 인조 1년(1623년) 5월 22일

"광해군이 이달 1일 을해乙亥에 제주濟州에서 위리안치圍籬安置된 가운데 죽었는데 나이 67세였다. 부음을 듣고 상이 사흘 동안 철조輟朝하였다. 이때에 이시방李時昉이 제주목사로 있으면서 즉시 열쇠를 부수고 문을 열고 들어가 예禮로 염빈斂殯하였는데, 조정의 의논이 모두 그르다고 하였으나 식자는 옳게 여겼다."

『인조실록』 42권, 인조 19년(1641년) 7월 10일

반정이 성공한 다음 날부터 피의 숙청이 시작되었다. 광해군을 보좌했던 북인 중에서도 대북 정권의 실세들은 대부분 자결하거나 처형되었고 광해군의 부인 유씨와 폐세자 부부는 강화도로 유배를 보냈다. 유배를 간 폐세자 이지는 집 마당에 굴을 파 탈출을 시도하다가 발각된 후

인조의 명을 받아 자진하고 폐세자빈 역시 충격을 받아 자살했다. 광해군의 부인 유씨 또한 같은 해에 사망했다. 광해군은 강화도로 유배를 갔다가 병자호란 때 제주도로 유배지를 옮기면서도 삶을 이어갔지만 1641년에 제주에서 생을 마감한다.

광해군과 광해군의 가족 다음으로는 광해군 정권의 상징적인 인물의 차례였다. 인조는 광해군의 정신적 영수이자 대북의 핵심 인물인 정인홍을 합천에서 서울로 압송시켰다. 정인홍은 당시 89세의 고령이었지만 반정의 주역인 이귀 등의 서인과 악연이 컸기에 처형을 면할 수 없었다. 이이첨은 반정이 일어난 날 가족을 데리고 경기도 이천에 숨어 있다가 체포되어 아들과 함께 저잣거리에서 참수되었다. 이때 수많은 북인 세력이 처형되었고 처형을 겨우 면한 북인 세력은 대부분 투옥되거나 유배를 가면서 대북파는 거의 전멸되었다.

"내 비록 부덕하나 천자의 고명誥命을 받아 선왕의 배우자가 된 사람으로 일국의 국모가 된 지 여러 해가 되었으니, 선묘의 아들이 된 자는 나를 어미로 삼지 않을 수 없는 것이다. 그럼에도 광해는 참소하는 간신의 말을 믿고 스스로 시기하여 나의 부모를 형살하고 나의 종족을 어육으로 만들고 품 안의 어린 자식을 빼앗아 죽이고 나를 유폐하여 곤욕을 주는 등 인륜의 도리라곤 다시 없었다. (중략) 광해는 배은망덕하여 천명을 두려워하지 않고 속으로 다른 뜻을 품고 오랑캐에게 성의를 베풀었으며, 기미년 오랑캐를 정벌할 때는 은밀히 수신帥臣을 시켜 동태를 보아 행동하게 하여 끝내 전군이 오랑캐에게 투항함으로써 추한 소문이 사해에 펼쳐지게 하였다. 중국 사신이 본국에 왔을 때 그를 구속하여 옥에 가두듯이 했을 뿐 아니라 황제가 자주 칙서를 내려도 구원병을 파견할 생각을 하지 않아 예의의 나라인 삼한三韓으로 하여금 오랑캐와 금수가 됨을 면치 못하게 하였으니, 그 통분함을 어찌 이루 다 말할 수 있겠는가."

『인조실록』 1권, 인조 1년(1623년) 3월 14일

인조반정으로 왕이 된 인조도 승리자였지만 또 한 명의 승리자는 인목왕후라 볼 수 있다. 광해군을 쫓아낼 때 가장 큰 명분은 조선 시대에 가장 중요한 가치였던 효孝

를 잃었다는 것이었다. 인목왕후는 인조반정으로 왕실의 큰어른 자리를 되찾았다. 친아들을 잃고 서궁에 유폐되었지만 인조에게 옥새를 내리며 반정의 정당성에 큰 역할을 했기 때문이다. 대비의 자리를 되찾은 인목왕후는 광해군의 처형을 간절히 원했으나 아무리 폭군이라도 왕이었던 이를 극형에 처하지 않는다는 인조와 대신들의 설득으로 결국 광해군은 유배로 마무리된다.

권력과 부를 얻은 반정 세력

인조반정의 또 다른 문제점 중 하나는 반정 세력들이었다. 공신이 되어 권력을 얻은 반정 세력은 광해군 세력에게 뺏은 토지를 나누고 재산을 증식시켰지만 개혁과 민생에는 나 몰라라 했다. 이에 불만을 가진 백성들은 시대를 한탄하는 노래 「상시가」를 만들어 이 세력이나 저 세력이나 말을 타며 전토를 점유하고 똑같은 일을 하니 대체 무엇이 다르냐며 한탄했다. 나라를 주도하는 세력은 바뀌었으나 백성의 삶은 여전히 힘들다는 것을 시사하는 노래다.

"이때 여염 사이에 또 「상시가」 한편이 떠돌고 있었는데 대개 시사를 풍자하고 훈신을 지척한 것이었다. 그 가사는 이렇다.

아, 너희 훈신들아

스스로 뽐내지 말라.

그의 집에 살면

그의 전토를 점유하고

그의 말을 타며

그의 일을 행한다면

너희들과 그 사람이

다를 게 뭐가 있나."

『인조실록』 9권, 인조 3년(1625년) 6월 19일

반정이 일어난 지 1년도 채 되지 않은 1624년 1월에 일어난 이괄의 난 또한 반정의 명분에 큰 오점을 안겨주었다. 이괄은 적극적으로 반정에 참여했으나 1등 공신이 아닌 2등 공신이 되었고, 다른 반정 세력에게 밀려나 부원수 겸 평안병사로 임명되어 한양에서 떨어져 북방을 경비하는 임무를 맡으면서 불만을 품게 되었다.

1624년, 인조에게 이괄과 그의 아들, 한명련, 기자헌 등이 군사를 일으켜 변란을 일으킬 준비를 하고 있다는 보고가 올라왔다. 추국청이 소집되어 고변을 당한 기자헌 등에 대한 문초가 이루어졌지만 단서는 없었다. 그러나 이귀 등은 이괄을 잡아들일 것을 건의했다. "이괄의 반역 음모는 확실하지 않지만 아들 이전李栴이 반역 음모를 꾀하고 있으니 분명 이괄이 반역에 참여할 것이다"라는 것이 주된 이유였다.

인조가 이괄의 아들 이전과 기자헌 등을 서울로 압송해 오도록 지시하자 이괄은 분노했다. 권력에서 소외되고 아들까지 체포되는 상황에 이르자 결국 이괄은 '반란'이라는 행동으로 맞섰다. 1624년 1월 21일, 이괄은 급히 휘하 군관들을 소집했다. 평안도 토병土兵과 전라도에서 올라온 부방군赴防軍 1만 2000명, 임진왜란 때 조선에 항복했던 항왜降倭 130여 명이 있었다. 이괄 부대의 주력인 항왜는 칼을 잘 쓰기 때문에 선봉군이 되었다. 한양에서 아들 이전을 잡으려고 의금부 도사와 선전관이 내려오고 있다는 첩보는 반란의 의지를 더욱 부추겼다.

1월 22일, 이괄은 반란군을 이끌고 본거지인 평안도 영변에서 출발해 빠른 기동력을 발판으로 황주 부근, 임진강 전투 등지에서 연이어 관군을 격파하고 한양 진격을 서둘렀다. 도원수 장만이 "적이 교활하게도 샛길로 출몰해 위치를 종잡을 수 없다"라는 첩보를 올릴 정도로 이괄 부대는 기동력과 전투력이 뛰어났다. 마침내 2월 9일 반란군은 한양에 입성했다. 지방에서 반란을 일으킨 군대가 한양을 점령한 것은 이제까지 유례가 없는 일이었다.

반정으로 문을 연 인조의 조정은 아직 불안정했고 파죽지세로 내려오는 반란군의 기세에 인조는 한양을 버리고 공주로 피난을 갔다. 지금도 공주 공산성公山城에 인조의 피난 흔적이 남아 있다. 이괄의 난이 평정되었다는 소식을 듣고 인조가 감격하며 나무 하나를 끌어안았고 그 자리에 정자를 지은 것이 쌍수정雙樹亭이다.

"이날 저녁에 병조판서 김류가 정탐하려고 보냈던 사람이 와서 말하기를 '임진臨津의 군사가 무너지자 적이 이미 강을 건넜다' 하였다. 이윽고 어영사御營使 이귀가 임진에서 급히 돌아와 상의 앞에 들어왔는데 기운이 다하여 소리를 내어 응대하지 못하였다. 상이 내관內官에게 밥을 찾아 먹이도록 하니, 이귀가 기운이 조금 안정되어 아뢰기를 '일이 이미 급해졌으니, 상께서는 반드시 오늘 저녁에 떠나시어 그 예봉銳鋒을 피하셔야 하겠습니다' 하였다. 이에 여러 신하들이 모두가 '남으로 공주산성公州山城에 거둥하여 형세를 보아 진퇴하는 것이 가장 좋겠다' 하니 남으로 옮길 계책을 정하였다."

『인조실록』 4권, 인조 2년(1624년) 2월 8일

인조 일행이 공주로 피난을 떠난 사이 이괄의 반란군은 2월 9일 한양으로 무혈입성했다. 반란군은 한양을 점령한 후 선조와 온빈 한씨 사이의 아들인 흥안군興安君을 왕으로 추대하고 곳곳에 방을 붙여 민심을 수습해 나갔다. 많은 백성이 이괄의 군대를 환영할 정도였다.

이괄의 난은 인왕산 옆에 자리한 나지막한 안산鞍山에서 마무리된다. 패전을 거듭하면서도 반란군을 뒤쫓아 오던 관군은 인조의 피난과 반란군의 한양 점령 소식을 듣고 마지막 승부수를 띄우지 않을 수 없었다. 지휘관들은 도원수 장만을 중심으로 대책 회의를 한 끝에 도성이 내려다보이는 안산을 기습 점령하고 병력을 전후좌우로 배치해 결전을 준비했다.

관군이 안산에 주둔하고 있다는 소식을 들은 이괄 역시 군대를 정비해 관군과의 대결에 나섰다. 그간의 승리와 한양 점령으로 지나친 자신감을 가진 반란군들은 관군에 대한 경계를 소홀히 했고, 결국 수 시간에 걸친 치열한 전투 끝에 이괄의 군대는 패배하고 말았다. 반란군 사이에서 내분까지 발생해 이괄의 부하들이 경기도 광주 쪽으로 도망을 가던 이괄 등 핵심 주동자의 목을 벤 뒤 관군에 투항했다. 반란군 잔당은 더 이상 조선에서 목숨을 부지할 수 없었기에 조선과 사이가 좋지 않은 후금에 투항하는데, 반란군이 후금에 투항한 이유 중 하나는 인조가 즉위하고 달라진 외교 노선 때문이기도 하다.

화려한 승전보를 올리면서 한양을 점령하고 왕까지 피난시킨 반란군의 초기 위세에 비하면 너무나 초라한 결말이었다. 이로써 20여 일에 걸쳐 진행되었던 이괄의 난은 종결되었다. 이괄의 난은 조선 시대에 일어났던 반란 가운데 유일하게 수도 한양을 점령한 반란으로 반정 이후에도 인조 정권이 여전히 불안했음을 여실히 보여주었다.

3

조선 땅을 갉아먹은 두 번의 호란

이괄의 난은 인조에게는 고난의 시작이었고 피난의 시작이었을 뿐이었다. 반란군을 피해 한양을 버리고 공주로 피난을 떠난 것을 시작으로 인조는 정묘호란 때 강화도, 병자호란 때 남한산성으로 피난을 떠나면서 피난 3관왕이라는 불명예 기록을 남겼다. 급변하는 국외 정세를 따라가지 못했기 때문이기도 하지만 후대에서는 인조의 무능력 또한 분명 영향을 미쳤다고 판단한다.

광해군과 북인 세력에 이어 정권을 잡은 인조와 서인 세력은 가장 먼저 광해군의 정책을 부정했다. '적폐청산'을 국정의 일차 과제로 삼았기 때문이다. 이는 외교 정책에도 이어졌다. 광해군은 후금과 명나라 사이에서 중립 외교, 소위 실리 외교를 취함으로써 최대한 전쟁을 방지하고자 했다. 하지만 인조반정의 세 가지 명분이 폐모살제, 무리한 토목 공사, 후금과 실리 외교였다. 광해군이 전통의 우방국인 명나라에 대한 신의를 버리고 오랑캐와 외교관계를 맺어 군자의 의리를 배신했다는 것이 반정의 명분이었기에 인조는 친명배금을 외교 정책을 기조로 삼을 수밖에 없었다. 친명배금은 명나라와 철저하게 친교를 맺고 후금은 배척하는 외교 정책이다.

대륙으로 세력을 넓히는 후금

"조선의 왕이 후금에게 적대적이다"라는 말은 중원의 패자로 나아가는 군사 강국 후금을 자극했고 이는 1627년에 발발한 정묘호란丁卯胡亂과 1636년에 발발한 병자호란丙子胡亂의 빌미가 되었다. 또한 이괄의 난 때 후금으로 도망갔던 반란군의 잔당 일부가 정묘호란에서 선봉장이 되어 조선으로 들어오기도 했다. 그렇기에 두 번의 호란은 인조와 서인 세력의 외교 정책이 빚은 혹독한 대가였던 셈이다.

조선이 임진왜란으로 어려운 시기를 보내고 있었던 1592년, 만주에서는 누르하치奴兒哈赤가 등장해 쇠퇴하던 명나라를 압박하며 후금을 건국했다. 1626년에는 후금의 태조 누르하치가 사망하고 여덟째 아들인 홍타이지洪泰時가 즉위했다. 아버지와 함께 전쟁터를 누비며 전공을 쌓은 홍타이지는 자신의 권력 기반을 강화하기 위한 수단으로 조선에 강경한 입장을 취했다. 또한 이괄의 난 때 선봉장이었던 한명련의 아들 한윤이 후금으로 망명해 "조선의 새로운 왕이 명나라를 따르고 있다"라고 말하며 조선에 대한 반감을 부추겼다. 그렇지 않아도 조선에 좋은 감정을 가지고 있지 않았던 홍타이지는 전쟁의 의지를 더욱더 확고히 다진다.

사실 후금의 목표는 조선이 아니었다. 후금의 가장 큰 목표는 명나라가 자리 잡은 넓은 대륙을 차지하는 것이지만, 명나라와 돈독한 조선이 명과 싸우고 있을 때 배후에서 후금을 공격할 수도 있다고 생각해 미리 그 빌미를 없애버리려고 한 것이다. 자신들의 뒤를 칠지도 모르고, 자신들에게 반감을 가진 조선에 본때를 보여줘야겠다는 명분으로 1627년 1월, 후금이 조선에 쳐들어온다.

후금은 뒷날 국서를 보내 출병의 이유 네 가지를 선포했다. 첫 번째, 조선이 명나라를 도와 후금을 공격했다. 두 번째, 명나라 장군 모문룡毛文龍이 평안도 가도에서 후금을 공격하는데 조선이 그를 계속 지원했다. 세 번째, 후금이 차지한 지역에서 여진족과 한족의 도망민이 노략질을 했으나 조선이 수수방관했다. 네 번째, 누르하치가 사망했을 때 조선에서 조문 사절을 보내지 않았다는 것이다.

정묘호란의 시작

1627년 1월 13일, 아직 추운 겨울이라 두껍게 얼어 있는 압록강을 넘어 후금의 기마병과 보병 약 3만 5000명이 조선을 쳐들어온다. 정묘호란의 시작이었다. 선봉에 선이들은 강홍립과 박난영 등으로 조선 사람이었다. 강홍립은 광해군 때 명나라의 요청으로 파병된 지원 부대의 총사령관이었으나 적극적으로 싸우지 않고 후금에 투항했다. 그 덕분에 후금군은 조선에 대한 정보까지 가지고 있었다.

압록강을 건넌 후금군은 순식간에 평안도 의주를 점령하고 일주일 후에는 평안도 안주까지 진격했다. 후금군은 "옛 임금을 위해 복수하는 것이다. 우리가 승리하면 10년간 세금을 면제해 줄 것이다"라며 광해군의 복수를 위해 조선을 침략했다는 논리를 내세우기도 했다.

후금의 빠른 진격에 조선 조정은 당황할 수밖에 없었다. 가장 믿을 만한 장수인 장만을 도원수로 삼고 충청도, 전라도, 경상도에서 근위병을 모집해 황해도 황주와 평산을 1차 방어선, 임진강을 최후의 방어선으로 정했다. 임진왜란 때 조정을 둘로 나눠 광해군이 분조를 맡은 것처럼, 조정을 둘로 나눠 인조의 아들 소현세자昭顯世子에게 분조를 맡기고 전주 지역으로 보내 전력을 점검하고 백성들을 아우르도록 했다. 하지만 1월 24일 평양성마저 함락되고, 결국 인조는 1월 27일에 강화도로 피난길을 떠나게 된다.

피난처를 강화도로 선택한 데는 두 가지 이유가 있었다. 강화도는 피난과 방어에 탁월한 위치와 구조를 가지고 있었다. 강화도는 고려 시대에 몽골이 침입했을 때도 피난처로 이용된 곳으로, 바다로 둘러싸여 있어 사방을 감시하기 좋고 기마병이 쳐들어오기가 쉽지 않았다. 강화도에 임시정부를 차린 인조는 대신들과 대책 회의를 거듭하며 전쟁의 추이를 살폈다.

후금의 기마병 역시 바다를 건너 강화도에 피난한 인조를 공격하는 것이 쉽지 않았다. 명나라에 총력을 기울여야 하는 상황이다 보니 군사를 계속 보내 강화도를 포위할 수도 없었고, 강화도에서의 농성을 지켜보고만 있을 수도 없었다. 결국 후금에서도 명나라와의 관계를 단절하고 자신들과 형제 관계를 맺으면 조선에서 떠나겠다고 협상안을 내민다. 하지만 조선에서는 "명나라와의 관계를 끊을 수 없다. 대신 형제 관계는 수용하겠다"라고 받아들여 1627년 3월 3일 인조가 검은 옷을 입고는 후금이 형이 되고 조선이 아우가 되는 서약식을 맺었다.

"이날 밤 상이 대청에 나가 향을 피우고 하늘에 고하는 예를 몸소 행하였다. (중략) 그 글에 이르기를 '조선 국왕은 지금 정묘년 모월 모일에 금국金國과 더불어 맹약을 한다. 우리 두 나라가 이미 화친을 결정하였으니 이후로는 서로 맹약을 준수하여 각각 자기 나라를 지키도록 하고 잔단 일로 다투거나 도리에 어긋나는 일을 요구하지 않기로 한다. 만약 우리나라가 금국을 적대시하여 화친을 위배하고 군사를 일으켜 침범한다면 하늘이 재앙을 내릴 것이며, 만약 금국이 불량한 마음을 품고서 화친을 위배하고 군사를 일으켜 침범한다면 역시 하늘이 앙화를 내릴 것이니, 두 나라 군신은 각각 신의를 지켜 함께 태평을 누리도록 할 것이다. (중략) 호인들이 소와 말을 잡아 혈골血骨을 그릇에 담았다. (중략) 두 나라의 대신들은 각각 공도公道를 행하여 조금도 속임이 없어야 할 것이다. 기꺼이 이 술을 마시고 즐겁게 이 고기를 먹을지니, 하늘이 보호하여 많은 복을 받을 것이다.'"

『인조실록』 15권, 인조 5년(1627년) 3월 3일

후금 병사들은 제비 꼬리를 닮았다고 해 연미정燕尾亭이

라 이름이 붙은 정자에 검은 소와 하얀 말을 잡아놓고 그 피를 그릇에 담았다. 피를 마시는 의식까지는 하지 않고 피를 묻히는 정도로 의식을 취했다고 짐작한다. 혈맹血盟, 서로의 피를 나눈 맹세지만 사람 피 대신 검은 소와 하얀 말의 피로 삽혈 의식을 했다는 기록이 남아 있다.

정묘호란은 후금이 압록강을 건너온 이후 50일 만에 정식 협상이 성립되었고 후금과 조선이 형제 관계를 맺으며 후금군의 군대가 철수하는 것으로 일단락된다. 그러나 후금군은 후퇴하는 과정에서도 조선의 땅을 노략질하고 산과 해안 지대에서 사람과 재물을 마음대로 쓸어갔다. 동생의 나라라고는 했지만 끝까지 약탈하고 수탈하는 잔인한 행태였다.

"합계하기를, 적병이 물러갔다고는 하나 산로山路와 해군海郡에 사방으로 나타나서 약탈하므로 백성들이 자녀와 재산을 모조리 빼앗겼습니다. 오늘날의 화친이 처음에는 백성을 위한 계책에서 나온 것이었는데 한갓 백성을 어육이 되게 하는 결과가 되어버렸습니다."

『인조실록』 15권, 인조 5년(1627년) 3월 10일

정묘호란은 끝났지만 조선 조정에서도, 백성들에게도 후금에 대한 인식은 좋지 않았다. 조선 조정에서도 오랑캐라고 무시했던 후금을 명나라와 동등하게 대우해야 한다는 걸 인정할 수 없었다. 형제 관계를 맺었다 함은 일종의 우호 관계를 맺은 것이지만 이후의 조건들은 조선에 굴욕적인 것들이었다. 조선이 후금을 형으로 대우하고 일정한 물품을 바쳐야 했고, 후금이 일반적인 물품의 열 배가 넘는 조공을 요구하자 인조는 더욱 분노했다.

> "상이 비국에 하교하기를, 이기고 짐은 병가의 상사이다. 금나라 사람이 강하긴 하지만 싸울 때마다 반드시 이기지는 못할 것이며, 아군이 약하지만 싸울 때마다 반드시 패하지도 않을 것이다. 옛말에 '의지가 있는 용사는 목이 떨어질 각오를 한다'고 하였고, 또 '군사가 교만하면 패한다'고 하였다. 오늘날 무사들이 만약 자신을 잊고 순국한다면 이 교만한 오랑캐를 무찌르기는 어려운 일이 아니다."
>
> 『인조실록』 28권, 인조 11년(1633년) 2월 14일

1634년, 인조는 후금과의 전쟁을 더 이상 피하지 않겠다는 하교를 내린다. 인조의 하교만 보면 전쟁을 경험한 후에 절치부심하고 와신상담해 국력을 기르고 후금에 대비했을 것 같지만 실제로는 그렇지 않았다. 군사적인 대비가 없는 말뿐이었다. 새롭게 중원을 지배한 후금의 세력을 무시하고 아무런 대비도 없이 명분만을 고집하는 집권층의 닫힌 의식은 병자호란을 자초한 꼴이 되었다.

더구나 후금의 지도자인 홍타이지는 조선에 더욱 강경한 태도를 보였다. 1636년 4월, 후금의 홍타이지는 스스로를 황제라 칭하고 국호를 청淸으로, 수도를 심양으로 옮겼다. 심양은 명나라 수도인 북경과 상당히 가까운 거리로 명나라를 압박해 중원을 장악하겠다는 의지를 보여준 것이다. 조선에서는 여전히 후금을 오랑캐라 부르며 명나라에 대한 의리를 지키고자 했지만 청은 명을 능가하는 군사 강국으로 발돋움하고 있었다.

다행히 조선에서도 합리적인 주장을 내세운 인물이 등장한다. 최명길崔鳴吉을 필두로 하는 주화파主和派는 "빨리 후금과 협상해서 승산 없는 전쟁을 막아야 합니다"라고 주장했고, 김상헌金尙憲을 필두로 하는 척화파斥和派는 "끝까지 오랑캐에 맞서 싸워야 합니다"라고 주장했다. 하지만 청나라에 보내는 국서國書에 '청'이라고 쓰며 그들을 인정해야 한다고 주장했던 최명길은 윤집, 오달제 등 척화파의 탄핵을 받고 사직했다.

> "판윤 최명길이 차자를 올려 사직하니 허락하였다. 명길이 화의를 거절하는 것은 좋은 계책이 아니라고 힘껏 진달하자 옥당이 상장上章하여 논핵하고 대간은 사판仕版에서 삭제할 것을 주청하였는데, 상이 따르지 않았으나 명길이 스스로 불안하게 여기었으므로 마침내 체직되었다."
>
> 『인조실록』 33권, 인조 14년(1636년) 11월 6일

결국 시대의 현실을 제대로 본 주화파가 아닌, 목소리가 크고 명분만을 중시하는 척화파가 조정의 대세가 되었다. 이런 조선 조정의 입장을 알게 된 청 태종 홍타이지는 자신들을 오랑캐라 부르는 조선을 강력하게 응징하겠다는 목표로 직접 전장에 뛰어든다.

후금의 두 번째 침략, 병자호란

1636년 12월, 청 태종이 이끄는 12만 대군이 심양에서 조선을 향해 출발했다. 선봉 부대의 장수는 용골대였고 기마병은 마부대가 이끌었다. 1636년 12월 8일, 마부대가 이끄는 기병 6000여 명이 얼어붙은 압록강을 건너며 병자호란이 시작된다. 이번에도 청나라 대군은 질풍 같은 기세로 조선 땅을 달려 겨우 5일 만에 한양을 점령했다.

큰소리를 치던 때와 달리 청의 침략에 우왕좌왕하던 인조와 대신들은 정묘호란 때의 경험을 바탕으로 서둘러 강화도로 피난길을 떠난다. 그러나 청나라 선발대가 양화진으로 진출해 강화도로 가는 길을 차단함으로써 피난길마저 끊겨버렸다. 결국 인조는 남한산성으로 발길을 돌렸고 세 번째로 한양을 버리고 피난을 떠나는 불명예를 기록한다.

이번에 청나라 군대가 요구한 것은 형제 관계가 아닌 군신 관계였다. 이를 받아들일 수 없었던 조선 조정은 청의 12만 대군에게 포위된 상태로 남한산성 안에서 47일을 버틴다. 남한산성에는 겨우 1만 4000여 명의 군인이 있었고 50여 일을 버틸 수 있는 식량을 비축하고 있을 뿐이었다. 남한산성은 피난처로 그리 적합하지 않은 곳이었는데, 강화도는 배를 통해 물자를 수송할 수 있었지만 남한산성은 산속이었고 추위도 심해 먹을 것을 구하기도 힘들었다.

"최명길이 마침내 국서를 가지고 비국에 물러가 앉아 다시 수정을 가하였는데, 예조판서 김상헌이 밖에서 들어와 그 글을 보고는 통곡하면서 찢어버리고 입대入對하기를 청해 아뢰기를 '명분이 일단 정해진 뒤에는 적이 반드시 우리에게 군신의 의리를 요구할 것이니, 성을 나가는 일을 면하지 못할 것입니다. 그리고 한번 성문을 나서게 되면 또한 북쪽으로 행차하게 되는 치욕을 면하기 어려울 것이니, 군신이 전하를 위하는 계책이 잘못되었습니다. 진실로 의논하는 자의 말과 같이 이성二聖(인조와 소현세자)이 마침내 겹겹이 포위된 곳에서 빠져나오게만 된다면, 신 또한 어찌 감히 망령되게 소견을 진달하겠습니까. 국서를 찢어 이미 사죄死罪를 범하였으니, 먼저 신을 주벌하고 다시 더 깊이 생각하소서'라고 하였다. 이때 김상헌의 말뜻이 간절하고 측은하였으며 말하면서 눈물이 줄을 이었으므로 입시한 제신들도 울며 눈물을 흘리지 않는 이가 없었다."

『인조실록』 4권, 인조 15년(1637년) 1월 18일

처절한 농성을 버티던 중 1월 22일에 강화도마저 함락된다. 강화도에는 왕족과 원손이 머물러 있었는데 그들이 포로가 되면서 청과 화의를 맺어야 한다는 주장이 우세해진다. 결국 인조의 지시로 최명길이 항복을 청하는 문서를 작성하지만 김상헌이 갈기갈기 찢어버린다. 하지만 최명길이 찢어진 국서를 다시 모아 붙이며 우여곡절 끝에 청에 항복을 청하게 되었다. 최명길과 김상헌은 서로 대립하면서 각자의 주장을 펼쳤지만, 지나간 역사를 보는 현재의 관점에서는 최명길 같은 인물이 꼭 필요했다고 본다.

1637년 1월 30일 아침, 대신들의 격론 끝에 인조는 주화파의 주장을 받아들여 남한산성을 떠나 삼전도三田渡, 지금의 석촌호수 부근으로 향한다. 곤룡포가 아닌 군복인 융복戎服을 차려입은 인조는 비통한 마음으로 청 태종

앞에서 치욕적인 항복 의식을 행한다. 인조는 청 태종에게 세 번 절하고 머리를 아홉 번 조아리는 삼배구고두三拜九叩頭를 했고 조선과 청나라는 군신 관계를 맺는다. 조선은 앞으로 명의 연호 대신 청의 연호를 사용하고, 세자와 왕자를 청나라에 인질로 보내는 등의 굴욕적인 협상을 맺는데, 이 협상을 정축화약丁丑和約이라 부른다.

청 태종은 승전을 기념하기 위해 삼전도에 비석을 세우게 했다. 지금도 서울 송파구 석촌호수 옆에 남아 있는 삼전도비三田渡碑다. 정식 명칭은 대청황제공덕비大淸皇帝功德碑로 치욕의 상징이기에 땅에 묻었다가 다시 세우는 등 우여곡절 끝에 현재는 원래의 위치에 가까운 자리에 남아 있다. 분명 우리 역사에는 상처가 되는 유적이지만 준비되지 않은 상태에서 명분만 내세운다면 어떤 결과를 얻게 되는지를 뼈저리게 알려주는 유물이다.

4 의문스러운 소현세자의 죽음

 청나라에서는 다시는 조선이 청을 도발하지 못하도록 세자와 왕자를 인질로 요구했고 1637년 2월, 소현세자와 봉림대군鳳林大君이 청나라 수도인 심양으로 떠난다. 소현세자와 봉림대군은 고된 인질 생활을 버틴 후 8년 만에야 조선으로 귀국할 수 있다.
 누르하치의 뒤를 이어 후금의 칸으로 즉위한 태종 홍타이지는 1636년 국호를 청으로 고치고 스스로를 황제라 칭했다. 같은 해 12월 직접 조선 침공에 나서 인조로부터 항복을 받고, 항복의 조건으로 소현세자와 봉림대군을 인질로 삼아 당시 청나라의 수도 심양으로 오게 한 것이었다.

공식적으로 명나라는 1644년에 이자성이 일으킨 농민 반란이 계기가 되어 멸망한다. 이전부터 세력을 확장한 후금이 명나라 국경 지대를 계속 공격했고, 그렇지 않아도 내리막길을 걷고 있던 명나라는 국력이 급격히 약해졌다. 정치적으로도 환관의 횡포 등 내분에 시달렸는데, 이러한 혼란기에 이자성이 농민들을 규합해 반란을 일으킨 것이다. 자금성이 함락되자 명나라 마지막 황제 숭정제崇禎帝가 자결했고, 이자성의 반란을 진압한 청나라 군대는 만주족 군사들을 이끌고 북경을 점령한 뒤 명나라 황후를 포함해 많은 한족 여성을 사로잡아 당시 후금의 수도 심양瀋陽으로 끌고 가 노비로 삼았다.

1644년, 청나라 입장에서는 이제 조선이 명나라와 손을 잡고 청나라를 공격할 일이 없다고 판단하고 소현세자와 봉림대군을 고국으로 돌려보낸다. 하지만 소현세자는 조선으로 돌아온 겨우 두 달 만에 의문의 죽음을 맞이한다.『조선왕조실록』에서조차 독살을 의심할 정도로 의문스러운 죽음이었고 세자 사후에 인조가 취한 조처 또한 의심을 증폭시켰다.

"왕세자가 창경궁昌慶宮 환경당歡慶堂에서 죽었다. 세자는 자질이 영민하고 총명하였으나 기국과 도량은 넓지 못했다. 일찍이 정묘호란 때 호남에서 군사를 무군撫軍할 적에 대궐에 진상하는 물품을 절감하여 백성들의 고통을 제거하려고 힘썼다. 또 병자호란 때에는 부왕을 모시고 남한산성에 들어갔는데, 도적 청인淸人들이 우리에게 세자를 인질로 삼겠다고 협박하자, 삼사가 극력 반대하였고 상도 차마 허락하지 못하였다. 그런데 세자가 즉시 자청하기를 '진실로 사직을 편안히 하고 군부君父를 보호할 수만 있다면 신이 어찌 그곳에 가기를 꺼리겠습니까'(중략) 그러나 세자가 심양에 있은 지 이미 오래되어서는 모든 행동을 일체 청나라 사람이 하는 대로만 따라서 하고 전렵田獵하는 군마軍馬 사이에 출입하다 보니, 가깝게 지내는 자는 모두가 무부武夫와 노비들이었다. (중략) 세자가 10년 동안 타국에 있으면서 온갖 고생을 두루 맛보고 본국에 돌아온 지 겨우 수개월 만에 병이 들었는데, 의관醫官들 또한 함부로 침을 놓고 약을 쓰다가 끝내 죽기에 이르렀으므로 온 나라 사람들이 슬프게 여겼다. 세자의 향년은 34세인데, 3남 3녀를 두었다."

『인조실록』 46권, 인조 23년(1645년) 4월 26일

"전일 세자가 심양에 있을 때 집을 지어 단확丹雘(고운 빛깔의 빨간 흙)을 발라서 단장하고, 또 포로로 잡혀간 조선 사람들을 모집하여 둔전屯田을 경작해서 곡식을 쌓아두고는 그것으로 진기한 물품과 무역을 하느라 관소館所의 문이 마치 시장 같았으므로, 상(인조)이 그 사실을 듣고 불평스럽게 여겼다. (중략) 세자는 본국에 돌아온 지 얼마 안 되어 병을 얻었고 병이 난 지 수일 만에 죽었는데, 온몸이 전부 검은빛이었고 이목구비의 일곱 구멍에서는 모두 선혈鮮血이 흘러나오므로, 검은 멱목幎目으로 그 얼굴 반쪽만 덮어놓았으나, 곁에 있는 사람도 그 얼굴빛을 분변할 수 없어서 마치 약물藥物에 중독되어 죽은 사람과 같았다."

『인조실록』 46권, 인조 23년(1645년) 6월 27일

소현세자와 인조의 대립

 『인조실록』에 따르면, 소현세자에 대한 평가는 극과 극을 향한다. 정묘호란이나 병자호란 때는 부왕을 대신해 적진에 가기를 자청하며 당당한 기백을 보이는 모습이었지만 심양에서는 부정적인 모습으로 묘사된다. 1637년 4월에 심양에 도착한 소현세자는 5월 심양관에 자리를 잡고 8년을 머물렀다. 함께 포로가 된 500여 명의 사람들과 먹고살기 위해 소현세자와 아내인 강빈姜嬪은 땅을 경작하고 무역을 하는 등 적극적으로 농업과 상업 활동을 했고 포로로 잡혀간 조선 사람들을 데려오거나 청나라의 신진 문물을 수용하는 등 청나라에서의 삶을 꾸려나가기 위해 노력했다. 하지만 인조는 조용히 공부나 할 것이지 왕자의 도리를 잃었다며 불만을 가졌다.

 두 번이나 청나라와의 전쟁을 경험한 소현세자도 처음 볼모로 끌려갈 때만 해도 반청 감정을 강하게 지니고 있었다. 하지만 심양에서 청나라의 발전을 두 눈으로 목격하고는 점차 생각이 바뀌었다. 서양의 근대 과학기술을 적극 수용하고 발전해 나가는 청나라의 잠재력을 확인하면서 소현세자 또한 조선의 변화를 꿈꾸게 된 것이 아닐까. 소현세자는 청나라의 과학기술 발전에 공헌한 독일 예수회 신부 아담 샬Adam Schall과 만나며 서양 문명과 천주교를 접했고 점차 사고를 확장시켰다. 소현세자가 조선으로 귀국할 때 화포와 천리경 등을 가져온 것도 이러한 의식의 변화를 실천하고자 하는 의지에서였다.

8년 만에 달라진 소현세자가 조선으로 돌아왔지만 그의 귀국을 반기는 이들이 거의 없었다. 여전히 청나라에 대한 분노에만 빠져 있는 인조와 청나라와 좀 더 우호적인 관계를 맺어야 한다고 생각하는 소현세자와의 갈등이 감지되었기 때문이다. 결국 귀국한 지 두 달 만에 소현세자는 의문의 죽음을 맞이한다. 소현세자의 죽음은 『인조실록』에서조차 독살을 언급할 정도로 의심스러운 일이었다. 2022년에 상영된 영화 〈올빼미〉에서도 소현세자의 죽음이 인조에 의한 독살임을 보여주었다. 조선 왕실의 여러 왕과 왕자가 독살되었다는 의문을 남겼지만, 그중 소현세자는 가장 독살 가능성이 높은 인물이다.

소현세자가 죽은 후 인조는 서둘러 장례를 치르고 세자의 자리 또한 소현세자의 아들이 아닌 동생 봉림대군에게 넘긴다. 당시 소현세자와 강빈 사이에는 세 명의 아들이 있었다. 첫째 석철이 열 살이었기에 충분히 세손으로 책봉할 수 있는 나이였다. 사도세자는 두 살 때 세자에 책봉되었고 문종도 여덟 살에 세자로 책봉되었기에 열 살도 세손으로 책봉할 수 있었지만 인조는 세손의 나이가 어리다는 이유로 봉림대군에게 세자 자리를 물려주고 봉림대군은 후에 효종으로 왕위에 오른다.

소현세자의 후계에 대한 조치만 봐도 인조와 소현세자의 사이에는 분명 갈등이 있었다고 짐작할 수 있다. 영조는 아들인 사도세자를 뒤주에 가둬 죽였지만 사도세자의 아들인 정조를 세손으로 삼고 다음 왕의 자리를 맡긴다. 하지만 인조는 소현세자의 자손을 왕위에 올리는 걸 거부한 것이다. 이는 조선 조정의 분위기와도 무관하지 않았다. 다음 왕이 될 소현세자는 청나라와 우호적인 관계를 맺기 원했고, 조선 조정을 이끄는 서인 정권은 여전히 청을 오랑캐로 인식하며 숭명반청崇明反淸의 이념을 지키고 있었다. 그런 상황에서 소현세자가 왕위에 오른다면 권력이 향방이 달라질 것이었다.

며느리와 손자까지 죽음으로 내몬 인조

 소현세자의 죽음으로 가장 큰 피해를 입은 사람은 누구일까? 바로 소현세자의 부인이자 세자빈인 강빈이다. 8년 동안의 인질 생활 동안 소현세자와 함께 조선인을 규합하고 적극적으로 경제 활동에 나서는 등 열심히 살다가 조선에 돌아오자마자 남편이 의문의 죽임을 당하고 세자의 자리 또한 아들이 아닌 시동생에게로 넘어간다. 이런 억울한 상황에서 강빈은 "머리를 풀어 헤치고 인조의 침실로 달려가 하소연을 늘어놓고 통곡했다"라고 기록될 정도로 인조에게 강하게 저항한다. 조석 문안도 중지할 정도였다. 결국 인조는 세자빈을 유폐시켰지만 문제는 여기에서 끝나지 않았다.

 어느 날 인조의 수라상에 독이 든 전복이 올라왔고 궁녀들을 문초한 끝에 "강빈이 사주했습니다"라는 고변을 받아낸다. 이 사건으로 강빈은 사약을 받고 한스러웠던 생을 마친다.

 "소현세자빈 강씨를 폐출하여 옛날의 집에서 사사하고

교명 죽책敎命竹冊, 인印, 장복章服 등을 거두어 불태웠다. 의금부 도사 오이규吳以奎가 덮개가 있는 검은 가마로 강씨를 싣고 선인문宣仁門을 통해 나가니, 길 곁에서 바라보는 이들이 담장처럼 둘러섰고 남녀노소가 분주히 오가며 한탄하였다. 강씨는 성격이 거셌는데, 끝내 불순한 행실로 상의 뜻을 거슬러 오다가 드디어 사사되기에 이르렀다. 그러나 그 죄악이 아직 밝게 드러나지 않았는데 단지 추측만을 가지고서 법을 집행하였기 때문에 안팎의 민심이 수긍하지 않고 모두 조숙의에게 죄를 돌렸다."

『인조실록』 47권, 인조 24년(1646년) 3월 15일

『인조실록』에서도 강빈이 성격이 강하고 불순했지만 시아버지를 죽이려고 했다는 혐의는 아직 확실하지 않다고 기록되어 있다. 안팎의 민심은 인조의 후궁인 숙의 조씨가 강빈과 인조 사이를 이간질했다고 추측했기에 강빈의 죽음을 안타까워했다. 강빈의 처분을 놓고 국왕과 관료들의 의견이 대립하자, 인조는 자신을 옹호하는 김자점金自點 등을 주요 관직에 포진시켰고 그 후 강빈을 폐출하고 사사하라고 명했다.

하지만 김자점과 숙의 조씨의 미래도 밝지만은 않았다. 효종 때인 1651년, 김자점이 청나라와 내통해 조정을 위협하고 인조와 숙의 조씨 사이의 첫째 딸 효명공주孝明翁主와 결혼한 손자 김세룡을 왕위에 앉히려는 역모를 꾸몄다는 혐의로 처형되었다. 숙의 조씨도 이들과 결탁했을 뿐 아니라 궁인과 무녀 등을 동원해 왕세자 등을 죽이고자 저주했다는 혐의로 스스로 목숨을 끊게 했다.

이렇듯 확실하지 않은 혐의로 소현세자의 아내 강빈까지 사망한 이후 소현세자의 아들 석철, 석린, 석견 모두 제주도로 유배를 간다. 석철과 석린은 제주도에서 풍토병으로 사망하고 석견은 역모의 불씨가 될지도 모른다는 이유로 남해, 강화로 유배지를 전전하다가 결국 사망한다. 소현세자와 아내, 아들들까지 한 가족이 그릇된 질투와 혐의로 철저히 무너져버린 것이다.

만약 소현세자가 죽지 않고 왕의 자리에 올랐다면 이후 조선은 어떤 모습이었을까? 우선 청나라의 선진 문물을 수용하는 북학北學이 100년은 더 빨리 이루어졌으리라 추측한다. KBS에서 방영한 〈역사 저널 그날〉이라는 프로그램에서 우리 역사에서 다시 소환하고 싶은 인물에 대해 질문했는데 소현세자가 1위를 차지했다. 신문물에 적극적이었던 소현세자가 왕이 되었다면 이후 새로운 역사가 이루어지지 않았을까 하는 아쉬움이 더해진 것이다.

결국 인조는 명분만을 중시하는 고루한 사상으로 피할 수 있었던 전쟁을 두 번이나 치렀다. 왕도 큰 수모를 당하기는 했지만 백성들의 치욕은 말로 다할 수 없을 정도였다. 수많은 조선인이 포로로 끌려가 노예 시장에서 팔렸고, 가족과 재산과 땅을 빼앗겼다. 많은 여성이 청나라에 끌려갔다가 겨우겨우 돌아왔을 때는 환향녀라고 불리며 자살을 종용당할 정도로 치욕을 당했다. 두 번의 호란은 조선 땅에 큰 생채기를 남기며 후대에도 쉽게 벗어날 수 없는 내리막길을 향하게 한다.

더구나 아들의 죽음은 의문으로 남겨두더라도 며느리에게 사약을 내린 왕은 조선 역사상 인조가 처음이자 마지막이었다. 인조는 한 나라를 이끄는 왕으로의 능력도 부족했지만 가족에 대한 잔혹한 처사까지 더해지며 부정적인 평가를 받은 혼군이다.

주요 키워드

● **『조선왕조실록**朝鮮王朝實錄』

조선 시대 임금들의 『실록』을 통칭하는 것이며, 태조 때부터 철종 때까지 472년에 걸쳐 25대 임금의 『실록』을 포함한다. 고종과 순종 시기의 『실록』은 조선총독부에서 주관하여 편찬했기에 왜곡이 많아 포함하지 않는다. 조정에서 일어난 사건이나 보고를 기록한 역사서로 편찬과 관리에 엄격한 규례를 적용했기에 후대에서 조선의 역사를 파악하는 데 큰 도움이 된다. 모두 국보로 지정되어 있으며 1997년 유네스코 세계기록유산으로 지정되었다.

● **『경국대전**經國大典』

고려 말부터 조선 성종 초년까지 100년 동안 반포되었던 법령, 교지, 조례, 관례를 망라한 것으로, 통치의 기준이 된 '나라를 다스리는 큰 법전'이다. 1455년 세조 때부터 편찬을 시작했고 30년을 걸친 끝에 1485년 성종 때 완성되었다. 총책임자는 최항이었으며, 후대에 한명회, 정창손, 신숙주 등이 참여하기도 했다. 2022년에 보물로 지정되었다.

● 『동국통감東國通鑑』

1458년 세조의 명으로 편찬을 시작했으나 중단되었다가 성종 때 다시 집필을 시작해 1485년에 완성된 역사서다. 단군조선부터 삼한, 삼국 시대와 고려 시대까지를 모두 담아 한반도의 역사를 아우르고 있다. 성종이 적극적으로 편찬에 개입했고 서거정이 주축이 되었으며, 신진 사림이 참여해 완성했다.

● 훈구파勳舊派

원래 성종 이후 등장한 사림파와 비교해 조정의 중심이 된 세력을 뜻했으나 지금은 세조가 왕위에 오를 때 공을 세운 세력을 뜻한다. 계유정난癸酉靖難에 큰 공을 세운 한

명회와 신숙주, 정인지 등이 대표적인 인물이다. 성종 즉위 후 사림의 등장으로 훈구파와 사림파가 대립하며 무오사화, 갑자사화, 기묘사화, 을사사화 등 네 번의 사화士禍가 일어나기도 했다.

◉ 사림파士林派

성리학 사상을 기반으로 유교 경전을 공부하던 선비들로 김종직, 김굉필, 조광조 등이 대표적인 인물이다. 훈구파와 달리 주로 지방에서 학문에 힘쓰거나 서원에서 제자를 가르쳤다. 훈구파를 견제하고 왕권을 강화하기 위해 성종 때부터 중앙 정치에 진출했으며 훈구파의 공격으로 사화를 당하기도 했다. 결국 선조 때 권력을 잡아 성리학과 정치를 합치시켰으나 끊임없는 붕당으로 인해 당쟁이 일어나기도 했다.

◉ 『내훈內訓』

세종의 장남인 덕종의 아내이자 성종의 어머니인 소혜왕후(인수대비) 한씨가 1475년에 편찬한 책으로 조선 여성들을 위한 교양서적이다. 중국의 『열녀전』, 『소학』, 『여교』, 『명감』에서 조선 여성들에게 본보기가 될 만한 내용을 추렸다. 말과 행실, 효도의 방법, 어머니와 며느리로서의 마음가짐 등을 알려주어 당시 여성들의 생활상을 엿볼 수 있다.

● **무오사화** 戊午士禍

연산군 4년인 1498년에 일어난 첫 번째 사화로, 김일손을 중심으로 한 신진 세력인 사림파가 유자광을 중심으로 한 훈구파에게 화를 입은 사건이다. 김일손이 김종직의 「조의제문 弔義帝文」을 『성종실록』에 실었는데, 이는 세조의 왕위 찬탈을 비방한 것이라는 이유로 시작되었으며 많은 사림이 극형을 당하고 귀양을 떠났다.

● **갑자사화** 甲子士禍

연산군 10년인 1504년에 일어난 두 번째 사화로, 연산군의 어머니 폐비 윤씨의 복위 문제로 발발했다. 임사홍이 폐비 윤씨 사사 사건의 진실을 연산군에게 알리며 사건이 시작되었고 연산군은 성종의 후궁 두 명을 죽이고 그 소생을 사사했다. 인수대비에게도 난동을 부려 인수대비 사망의 원인이 되기도 했다. 그리고 폐비 윤씨를 복위시키는 데 반대한 권달수, 이행 등과 폐비 윤씨 사사에 연관된 윤필상, 이극균 등에게 처벌을 내리며 수백 명의 사람이 화를 입었다.

● 흥청망청興淸亡淸

지금은 흥에 겨워 돈이나 물건을 마구 쓰거나 즐기는 모습을 말하지만, 그 유래는 연산군 때 시작되었다. 사치와 향락을 일삼던 연산군은 채홍준사採紅駿使라는 관리를 파견해 전국에서 아름다운 처녀를 뽑아 궁궐로 들어오게 했는데, 그중에서도 외모가 아름답고 가무에 능한 여자들을 흥청興淸이라 불렀다. 연산군의 삶을 빗대어 흥청을 뽑고 살더니 망했다는 뜻을 담고 있다.

● 금표禁標

일종의 민간인통제구역을 설정해 백성들이 오가지 못하게 한 표식으로, 연산군은 사냥을 즐기기 위해 경기도 곳곳에 마을을 없애고 주민들을 쫓아낸 뒤 금표를 설치했다. 그 자리에 동물을 키워 사냥을 즐겼으며 함부로 들어오는 백성이 있으면 목을 베기까지 했다. 고양, 파주, 광주,

김포 등 곳곳에 있었으며 중종반정 이후 모두 사라졌다.

● **반정**反正

왕이 포악하거나 무능해서 역할을 제대로 하지 못할 때 그 왕을 폐위시키고 새롭게 왕을 세워 나라를 바로잡겠다는 혁명이다. 주로 무력을 행사하며 조선에는 1506년 중종반종, 1623년 인조반정이 있었다. 왕조가 바뀌는 것은 아니고 왕위만 바뀌는 것이기에 반정이라 부른다.

● **정철**鄭澈

우리에게는 수학능력시험의 단골 지문이었던 「관동별곡關東別曲」이나 「사미인곡思美人曲」 등의 가사 작품으로 유명하지만 명종 때 과거에 급제해 선조 때 활약한 서인의 영수다. 「관동별곡」은 정철이 강원도 관찰사로 있으면서 관동 팔경을 돌아보고 선정을 베풀고자 하는 마음을 담은 시이며, 「사미인곡」은 관직에서 밀려난 정철이 선조에 대한 그리움을 표현한 시다. 결국 정철은 선조의 선위 파동에 호응해 주지 않아 정치 일선에서 물러나게 된다. 호는 송강松江이다.

● **오성과 한음**鰲城―漢陰

오성 이항복李恒福과 한음 이덕형李德馨을 일컬으며, 조선 선조 때 활약한 문신 두 사람의 우정이 유명해서 설화로도 전해진다. 이항복은 임진왜란 때는 병조판서로, 후에 영의정까지 올랐으나 광해군 때 폐모론에 반대하다 유배를 가서 사망한다. 이덕형은 임진왜란 때는 동지중추부사로, 광해군 즉위 후에는 영의정에 올랐으나 이항복과 함께 폐모론에 반대하다가 낙향했다. 두 사람은 어려서부터 친구로 감나무 이야기, 담력 이야기 등 다양한 이야기로 어린이들에게 교훈과 재미를 주었다.

● **유성룡**柳成龍

선조 때 활약한 문신으로 이황의 제자이자 동인의 영수다. 명종 때 문과에 급제했고 선조 때 대사헌, 경상도감찰사, 영의정에 올랐다. 임진왜란 때 이순신을 천거하고 의병을 모집하고 훈련도감을 설치하는 등 활약했지만 일본과의 화친을 주도했다는 누명을 받고 탄핵당해 고향인 안동 하회마을로 낙향했다. 서예와 문장으로도 유명하며 안동을 대표하는 위인으로 존경받고 있다. 호는 서애西厓다.

● 『징비록懲毖錄』

유성룡이 1592년부터 1598년까지 7년 동안의 임진왜란을 겪으며 쓴 책으로 임진왜란의 원인, 전황 등에 대해 적은 귀중한 사료다. '징비'란 미리 경계해 후환을 대비한다는 뜻으로 다시는 임진왜란 같은 전란이 일어나지 않았으면 하는 마음과 조정의 실책을 반성하기 위한 마음이 담겨 있다. 1969년 국보로 지정되었다.

● 「피난행록避亂行錄」

조선 시대 명종 때부터 선조 때까지 활약한 문신 정탁鄭琢의 시문집 『약포문집藥圃文集』에 수록된 기록이다. 정탁은 임진왜란 때 선조가 의주로 피난을 떠났을 때 선조를 호종한 신하로, 곽재우를 천거하고 이순신을 변호해 죽음을 면하게 하는 등 공을 세웠다. 「피난행록」은 1592년 4월 30일부터 1593년 1월 28일까지 선조의 피난과 광해군의 분조 활동을 자세히 기록하고 있다. 『선조실록』, 『징비록』 등과 더불어 임진왜란의 상황을 파악하는 데 도움이 된다.

● 대동법 大同法

조선 중기에 각 지역의 특산물을 내던 공물을 쌀로 통일한 납세 제도로 조광조, 이이, 유성룡 등이 제안했으나 광해군 때 이원익이 주도해 처음으로 실시하게 되었다. 백성들 대신 공물을 바치고 그 대가를 몇 배로 전가하는 방납의 폐해를 바로잡기 위해 시작되었으며 처음에는 경기도에서만 실시되었으나 인조 때 폐지되었다가 효종 때 다시 시행하며 숙종 때 전국적으로 실시되었다.

● 『동의보감 東醫寶鑑』

선조의 명에 따라 의관 허준을 중심으로 편찬을 시작한 의서로 광해군 때 완성되었다. 우리나라와 중국의 의서를 정리해 병의 예방과 진단, 치료를 백과사전처럼 모아놓았고 조선 의학의 표준을 세웠다는 점에서 큰 의의가 있다. 병을 예방하는 것을 중시하고, 무분별한 처방의 요점을 간추리고, 약초 이름을 한글로 쓰는 등 중국과 조선 의학의 핵심을 명료하게 정리했다. 중국과 일본에서도 출간될 정도였으며 2009년 유네스코 세계기록유산으로 지정되었다.

● **청 태조 누르하치**奴兒哈赤

명나라와 조선이 오랑캐라고 멸시하던 여진족 출신으로 할아버지와 아버지가 명나라군에 의해 죽임을 당하자 복수를 위해 명나라에 대항할 힘을 키워 여진족을 통일하고 칸의 지위에 올라 후금을 세운다. 명나라를 침공해 중국 본토를 차지하고자 전쟁을 일으켰으나 대업을 완수하지 못하고 전투에서 입은 부상으로 사망했다. 누르하치의 숙원은 열네 번째 아들로, 홍타이지의 동생인 도르곤이 완성해 1644년 북경으로 천도하며 중국 대륙을 차지했다.

● **청 태종 홍타이지**洪泰時

누르하치의 아들로 후금의 칸에 올랐고 1635년 내몽골을 평정하며 국호를 대청으로 고쳤다. 1636년에는 직접 군대를 이끌고 조선을 침공해 군신 관계의 예를 맺었다. 홍타이지도 명나라를 정복하지는 못했으나 아들 순치제의 섭정인 도르곤이 북경으로 천도하며 청나라 2대 황제 태종이라는 묘호를 받았다.

● **계축옥사** 癸丑獄事

광해군의 폐모살제가 시작된 사건으로, 광해군을 지지하는 대북 세력이 영창대군을 지지하는 소북 세력과 영창대군을 제거하기 위해 일으켰다고 추측한다. 1613년 문경새재에서 상인을 죽이고 은 수백 냥을 빼앗는 사건이 일어나는데 이 범인들인 강변칠우는 인목왕후의 아버지인 김제남의 지시로 영창대군을 추대하기 위한 자금을 마련하기 위해 사건을 일으켰다고 자백했다. 그 결과 서인 수십 명이 수금되고 김제남은 사사되고 영창대군은 유배를 갔다가 증살당했다. 1618년 인목왕후도 폐위되어 서궁에 유폐되었는데, 광해군이 어머니인 인목왕후에게 패륜을 행했다는 이유가 후에 인조반정의 명분이 되었다.

● **폐모살제** 廢母殺弟

인조가 반정을 일으키고 광해군을 탄핵시킨 큰 명분으로, 광해군이 선조의 계비이자 자신의 새어머니인 인목왕후를 자리에서 폐하고 서궁에 가두고 배다른 동생인 영창대군을 역모를 빌미로 유배시킨 뒤 죽인 일을 말한다. 당시 조정에서도 폐모론을 반대하는 자와 찬성하는 자로 나뉘어 반대하는 이항복, 이덕형 등이 유배를 가는 등 분란이 일어났다. 결국 광해군은 '효'를 중시하는 조선에서 왕의 자리에 있는 자가 패륜을 행하고 인륜을 어겼다는 이유로 대신들의 신망을 잃게 되었고 왕위에서 쫓겨나게 되었다.

◉ 김개시

광해군 때의 상궁으로 광해군의 비선 실세라 불릴 정도로 신임을 받고 권력을 휘둘렀다. 선조 때부터 상궁으로 일했으며 전략이 뛰어나 광해군의 총애를 받았다. 국정에 관여하면서 매관매직을 일삼고, 권세를 누리다가 인조반정 때 처형당했다. 처음에는 반정 세력에게 뇌물을 받고 반정을 도왔으나 광해군의 측근을 살려둘 수 없었기에 결국 인조의 명으로 처형되었다.

◉ 수렴청정 垂簾聽政

왕이 나이가 너무 어리거나 국정을 맡을 수 없을 때 왕실의 어른인 왕대비나 대왕대비가 대신 국정을 처리하던 것을 말한다. 왕의 뒤에 발을 내리고 정치를 한다고 해서 발렴簾 자를 썼다. 조선 시대에는 예종이 19세에 즉위하면서 정희왕후가 수렴청정을 했고, 이후 성종이 13세에 즉위하며 다시 7년 동안 정희왕후가 수렴청정을 했다. 명종이 12세로 즉위했을 때는 문정왕후가 8년 동안 수렴청정을 하며 파평 윤씨가 권력을 쥐었고 조선 후기에는 순조의 비 순원왕후가 수렴청정을 하며 안동 김씨의 세상을 만들기도 했다.

● 동서분당 東西分黨

1575년 선조 8년에 사림파가 동인과 서인으로 분열한 사건을 말한다. 젊은 선비들에게 인기 있었던 김효원과 명종의 왕후인 인순왕후의 동생인 심의겸이 인사권을 두고 반목하면서 조정의 세력이 동인과 서인으로 나뉘었다. 김효원의 집이 서울의 동쪽인 건천동에 있어서 김효원을 지지하는 세력을 동인, 심의겸의 집이 서울의 서쪽인 정동에 있어서 심의겸을 지지하는 세력을 서인이라 불렀다. 동서분당은 끊임없는 당쟁으로 이어지며 조선 조정을 혼란하게 만들었다.

● **기축옥사**己丑獄事

1589년 선조 22년에 정여립이 모반을 일으켰다는 이유로 그 일당을 체포하고 처형한 사건을 말한다. 서인인 정철의 주도로 정여립과 관련된 인물들이 조사를 받았는데, 동인 출신 정여립과 가까웠던 1000명 가까운 동인이 화를 입었으며 조정에서 서인이 세력을 잡게 되었다. 기축옥사로 당쟁은 더욱 확대되었고 동인과 서인의 갈등은 임진왜란의 발발에도 영향을 미쳤다.

● **동인**東人

사림파의 한 갈래로, 영남학파에 속하며 이황과 조식의 제자들이 많았다. 동서분당에서 김효원과 유성룡을 중심으로 만들어졌다. 기축옥사로 세력이 약해졌으나 1591년 정철이 실각하며 다시 정권을 잡았고 다시 정철을 사형시키자는 과격파인 북인과 귀양을 보내는 걸로 마무리하자는 온건파인 남인으로 갈라졌다.

● **서인**西人

사림파의 한 갈래로, 기호학파에 속하며 이이와 성혼의

제자가 많았으며 동서분당에서 심의겸을 중심으로 만들어졌다. 기축옥사로 조정을 휘둘렀으나 1591년 정철이 실각하며 세력이 약해졌다. 인조반정으로 다시 정권을 잡았으나 인조반정에 적극적이었던 공서功西와 소극적이었던 청서淸西로 분리되고, 숙종 때 남인의 숙청에 강경했던 노론老論과 그 반대인 소론少論으로 분리되는 등 끊임없는 당쟁을 만들어내며 조선 조정에 분란을 일으켰다.

● **이조**吏曹

조선 시대의 중앙행정 기구인 육조 중 하나로, 육조는 인사권을 가지고 관리를 뽑거나 배치하는 이조, 세금과 예산을 맡아서 진행하는 호조戶曹, 나라에서 주최하는 행사나 제사, 과거를 맡은 예조禮曹, 군사와 국방을 맡은 병조兵曹, 범죄와 법률, 소송을 책임진 형조刑曹, 토목 공사 등을 맡았던 공조工曹로 구성된다. 지금의 광화문 앞에 육조의 관아가 있어 육조 거리라고 불렀다고 한다.

● **소북**小北

1591년에 동인은 정철을 사형시키자고 했던 강경파 북인

北人과 유배를 보내자고 했던 온건파 남인南人으로 나뉘는데, 1599년 선조 32년에 홍여순의 대사헌 임명에 반대한 김신국, 남이공은 소북으로, 대사헌 임명에 찬성한 이산해, 홍여순은 대북으로 다시 갈라졌다. 소북의 영수 유영경이 영의정에 오르며 정권을 잡았으나 광해군이 즉위하며 정인홍을 필두로 대북이 정권을 잡게 된다.

● **대북**大北

1599년 북인에서 갈라져 나온 분파로 홍여순의 대사헌 임명에 찬성한 이산해, 홍여순, 이이첨, 정인홍, 허균 등을 필두로 한다. 광해군을 지지했기에 광해군 즉위 후 정권을 잡았으나 인조반정으로 몰락했다.

● **정여립**鄭汝立 **역모 사건**

정여립은 선조 때 관직에 올랐으며 예조좌랑, 홍문관 수찬 등에 오르며 출세 가도를 달렸다. 원래 이이와 성혼에게도 인정받는 서인이었으나 중년에 동인으로 돌아선다. 그 후 관직을 버리고 낙향해 매달 활쏘기 모임을 열면서 세력을 모았는데, 이 모습을 본 서인들이 정여립이 역모를 꾸민다고 고변했다. 정여립은 진안 죽도에서 자결했고 이로 인해 기축옥사가 일어나 1000여 명이 넘는 동인이 화를 입었다. 현재까지 역모의 진위를 두고 진짜 역모를 일으켰는지, 왕과 서인이 동인을 축출하기 위해 일으킨 가짜 역모인지가 논란이다.

● **전국 시대**戰国時代

15세기 후반, 일본에 집권했던 막부의 지배권이 약화되면서 일본 전국에서 군웅이 할거했던 때를 말한다. 다이묘들은 전쟁을 위해 포르투갈에서 총포를 사들이고 자금을 마련하기 위해 광산을 개발하고 상업을 확장시켰다. 16세기 후반에 나고야를 중심으로 활동한 오다 노부나가織田信長가 무로마치막부를 추방하며 대부분을 평정했고 그 뒤를 이은 도요토미 히데요시가 전국을 통일했다. 일본을 통일한 도요토미는 밖으로 눈을 돌려 명나라를 침공하겠다는 이유로 조선에 임진왜란을 일으킨다.

● **임진왜란**壬辰倭亂

1592년 선조 25년에 시작해 1598년까지 7년에 걸쳐 일어났던 전쟁으로, 1592년 임진년에 있었던 왜의 첫 번째 침략을 임진왜란, 1597년 정유년에 있었던 왜의 재침략을 정유재란으로 부른다. 조선 조정은 오랜 기간 이어진 당쟁과 사화로 인해 판단력이 떨어졌고 문을 숭상하면서 국력을 제대로 키우지 못했다. 그로 인해 임진왜란 초기에는 갑작스러운 일본의 침략에 속수무책으로 당했으나 곽재우, 김덕령 등의 의병과 서산대사, 사명대사 등의 의승군이 봉기하고 김시민金時敏이 진주성에서 승리를 거두고 이순신이 바다에서 대승을 거두고 권율이 행주산성에서 왜군을 물리치는 등 승리가 이어졌고 명나라에서 파병을 보내며 휴전을 위한 논의가 시작되었다.

● **정유재란**丁酉再亂

명나라와 일본의 주도로 진행된 휴전 논의가 도요토미 히데요시의 어이없는 요구로 인해 결렬되며 1597년 일본은 다시 조선을 침공했다. 전쟁의 경향은 임진왜란보다 훨씬 잔인해져서 조선인의 코와 귀를 베거나 노예로 끌고 가는 등 처참한 모습이었다. 하지만 왜군이 서해에서 이순신에게 대패하고 한양으로 이동하기 위한 경로와 보급로를 차단당해 울산, 남해 등 남해안에 왜성을 짓고 버티기 시작한다. 1598년 도요토미 히데요시의 사망으로 일본군이 철수했으며 마지막까지 일본군의 기세를 끊고자 한 노량해전의 승리로 임진왜란을 끝냈다.

◉ 이괄의 난 李适―亂

1624년, 인조가 즉위한 다음 해에 인조반정의 공신이었던 이괄이 일으킨 난이다. 이괄은 반정에 적극적으로 참여했으나 1등 공신이 아닌 2등 공신에 봉해졌고, 한양에서 멀리 떨어진 평안도로 파견된 것에 불만을 품고 있었다. 이괄을 견제하던 대신들은 인조에게 이괄이 역모를 꾀한다고 보고했고 이괄의 아들을 압송하라는 왕명이 기폭제가 되어 반란을 일으킨다. 반란군은 빠른 속도로 한양으로 진격했으나 이괄이 부하 장수에게 살해당하며 마무리된다. 하지만 난에 참여했던 이들이 후금으로 도망갔다가 호란 때 함께 조선으로 쳐들어오기도 하는 등 계속해서 조선에 영향을 미쳤다.

● **대원군**大院君

왕에게 적장자가 없어 왕실 종친이 왕위를 이었을 때 왕의 생부를 대원군이라 칭했다. 최초로 방계 출신으로 왕이 된 선조의 아버지 덕흥대원군德興大院君이 있고, 강화도 빈농에서 왕이 된 철종의 아버지 전계대원군全溪大院君이 있으며, 가장 유명한 대원군으로 고종의 아버지 흥선대원군興宣大院君이 있다. 대부분의 대원군은 아들이 왕위에 올랐을 때 이미 사망해 추존되었으며 생전에 대원군이 된 사람은 흥선대원군이 처음이자 마지막이다.

● **친명배금**親明排金

명나라를 가까이하고 후금을 배척한다는 정책으로, 명나라와 후금 사이에서 중립 외교를 취하고자 했던 광해군에 반대하면서 채택한 인조의 정책이다. 광해군의 중립 외교는 인조반정의 명분이기도 했기에 인조는 친명배금 정책을 이어갈 수밖에 없었지만 이는 후금이 조선을 침략하는 원인이 되기도 했다.

● 정묘호란丁卯胡亂

1627년 인조 5년에 일어난 호란으로, 중원을 가지기 위해 명나라와 전쟁을 하던 후금이 명나라와 친밀한 관계여서 자신들의 배후를 위협할 수도 있는 조선을 항복시키고자 한 전쟁이다. 3만의 후금군이 압록강을 넘어 평양까지 점령했고 강화도로 피난 갔던 인조를 압박해 명나라의 연호를 쓰지 않는 등의 정묘조약을 맺으며 마무리되었다.

● 정묘조약丁卯條約

후금과 조선의 정묘호란을 끝내기 위해 맺은 강화조약으로, 그 내용은 명나라의 연호인 천계天啓를 쓰지 말 것, 명나라 토벌에 후금을 도울 것, 후금군은 조약 후 즉시 철병할 것, 후금군은 다시는 압록강을 넘지 않을 것, 양국이 형제국이 될 것 등이었다. 하지만 조선은 형제국으로의 예우를 지키지 않았으며 명나라 토벌에도 군사를 보내지 않아 병자호란의 빌미를 주었다.

● 병자호란丙子胡亂

1636년 인조 14년에 정묘호란에 이어 청나라가 쳐들어온

두 번째 호란이다. 후금에서 청으로 국호를 바꾸고 스스로를 황제로 칭한 홍타이지는 여전히 조선이 강경한 자세를 보이자 직접 10만 대군을 이끌고 조선으로 쳐들어 왔다. 인조는 남한산성으로 피난을 갔으나 식량도 군사도 부족해 결국 항복하게 된다. 청나라에 군신의 예를 지킬 것, 세자를 인질로 보낼 것 등 굴욕적인 조약을 맺으며 삼전도에서 절을 올렸다. 전쟁이 준비되지 않은 상태에서 강경한 외교 태도를 취한 왕과 조정 때문에 수많은 백성이 청나라에 끌려가고 속환 문제가 일어나는 등 백성들의 삶에 큰 피해를 주었다.

● **삼전도비**=三田渡碑

청나라가 조선을 침략한 병자호란 때 오랜 방어 끝에 조선이 패배하고 처참한 강화조약을 맺은 후 청나라의 요구로 세운 비석이다. 청나라 홍타이지가 자신의 공덕을 자랑하기 위해 세운 비로 조선 입장에서는 치욕적인 내용을 담고 있기에 청일전쟁 이후 버려지기도 하고 해방 이후 땅에 묻기도 하고 페인트로 훼손되기도 했다. 1963년 사적으로 지정되었으며 서울 송파구 석촌동 석촌호수 옆에 남아 있다.

● **주화파**主和派

병자호란 때 최명길을 주축으로 청나라와 싸우지 말고 전쟁을 피하고 항복해야 한다고 주장했던 대신들을 말한다. 실리를 중시하며 내정에 집중해 외교를 통해 전쟁을 피하고자 했다. 결국 병자호란은 최명길의 주도로 삼전도에서 항복하며 마무리되었다.

● **척화파**斥和派

병자호란 때 김상헌을 주축으로 끝까지 청나라에 대항해 싸워야 한다고 주장했던 대신들을 말한다. 대의명분을 중시하며 무력으로 청나라를 응징해야 한다고 주장했다. 군사력이 바탕이 되지 않는 상황이다 보니 주장을 이어갈 수 없었고 결국 주화파의 의견을 받아들이게 된다.

KI신서 13488
혼군昏君

1판 1쇄 인쇄 2025년 4월 8일
1판 1쇄 발행 2025년 4월 16일

지은이 신병주
펴낸이 김영곤
펴낸곳 ㈜북이십일 21세기북스

인생명강팀장 윤서진 인생명강팀 박강민 유현기 황보주향 심세미 이수진 이현지
디자인 엄혜리
마케팅팀 남정한 나은경 한경화 권채영 최유성 전연우
영업팀 한충희 장철용 강경남 황성진 김도연
제작팀 이영민 권경민

출판등록 2000년 5월 6일 제1406-2003-061호
주소 (10881) 경기도 파주시 회동길 201(문발동)
대표전화 031-955-2100 팩스 031-955-2151 이메일 book21@book21.co.kr

㈜북이십일 경계를 허무는 콘텐츠 리더

21세기북스 채널에서 도서 정보와 다양한 영상자료, 이벤트를 만나세요!
페이스북 facebook.com/jiinpill21   **포스트** post.naver.com/21c_editors
인스타그램 instagram.com/jiinpill21   **홈페이지** www.book21.com
유튜브 youtube.com/book21pub

서울대 **가**지 않아도 둘을 수 있는 **명강**의! 〈서가명강〉
서가명강에서는 〈서가명강〉과 〈인생명강〉을 함께 만날 수 있습니다.
유튜브, 네이버, 팟캐스트에서 '서가명강'을 검색해보세요!

ⓒ 신병주, 2025

ISBN 979-11-7357-198-5 04300
       978-89-509-9470-9 (세트)

- 이 책 내용의 일부 또는 전부를 재사용하려면 반드시 ㈜북이십일의 동의를 얻어야 합니다.
- 잘못 만들어진 책은 구입하신 서점에서 교환해드립니다.
- 책값은 뒤표지에 있습니다.

대한민국 대표 교수진의 지식 공유 프로젝트

인생명강
내 인생에 지혜를 더하는 시간

사는 게 어렵고 막막할 때 우리는 어디에서 답을 찾아야 할까?
'인생명강'은 전국 대학의 명강의를 엮은 시리즈로,
오늘을 살아갈 지혜와 내일을 꿰뚫어보는 인사이트를 선사한다.
과학·철학·역사·경제·문학 등 다양한 분야의 지식 콘텐츠를 만날 수 있다.

심리

권일용 저 │ 『내가 살인자의 마음을 읽는 이유』
권수영 저 │ 『관계에도 거리두기가 필요합니다』
한덕현 저 │ 『집중력의 배신』

경제

김영익 저 │ 『더 찬스 The Chance』
한문도 저 │ 『더 크래시 The Crash』
김두얼 저 │ 『살면서 한번은 경제학 공부』

과학

김범준 저 | 『내가 누구인지 뉴턴에게 물었다』
김민형 저 | 『역사를 품은 수학, 수학을 품은 역사』
장이권 저 | 『인류 밖에서 찾은 완벽한 리더들』

인문/사회

김학철 저 | 『허무감에 압도될 때, 지혜문학』
정재훈 저 | 『0.6의 공포, 사라지는 한국』
권오성 저 | 『당신의 안녕이 기준이 될 때』

고전/철학

이진우 저 | 『개인주의를 권하다』
이욱연 저 | 『시대를 견디는 힘, 루쉰 인문학』
이시한 저 | 『아주 개인적인 군주론』